KB231619

One English

One English 원 잉글리시

지 은 이	백선엽
초판 1쇄 인쇄	2009년 4월 6일
초판 1쇄 발행	2009년 4월 10일
발 행 인	박효상
편집책임	김상호, 조승주
영업책임	이종선, 이태호
편집진행	장의연
교　　열	배윤영
디 자 인	**MONTES**
일러스트	안홍근
출판등록	제 10-1835호
발 행 처	사람in
주　　소	121-839 서울시 마포구 서교동 379-10
대표전화	02)338-3555
팩　　스	02)338-3545
E-mail	esaramin@nate.com
Homepage	www.saramin.com

※책값은 뒤표지에 있습니다.
※파본은 바꾸어 드립니다.

ⓒ백선엽 2009

ISBN　　978-89-6049-110-6 13740

정확하고 간결한
영어회화 핵심표현 99

한마디!
One
English

영어커뮤니케이션 전문가 **백선엽** 지음

사람in

이 책을 왜 썼냐구요? 물론 서점에 가면 넘쳐나는 게 영어책입니다만, 최근에는 조금 달라진 점이 있더군요. 예전엔 영어회화책이 대부분이었는데 요즘은 그 대신 TOEIC, TOEFL 같은 시험 대비를 위한 책이 대부분이더군요. 이런 시험은 취업이나 승진을 위해서 꼭 필요한 것이기도 하고 내 영어실력을 가늠해볼 수 있는 방법이기도 해서 많이들 공부하는 것 같습니다. 그러나 독자 여러분도 아시다시피 이런 영어시험 성적과 의사소통 실력이 비례하는 건 아니더라구요. 제가 영어책 쓰는 틈틈이 영어 관련 사업도 하다보니 토익 성적이 높은 직원을 채용한 적이 있었는데, 의사소통 실력이 너무 실망스러워서 놀란 적이 있었습니다.

늘 제 관심은 '의사소통'이었지만 이미 여러 권의 영어회화책을 낸 경험이 있기 때문에 더 이상은 회화책은 쓰지 말자고 마음 먹었습니다. 그런데 중국에서 사업을 하다 오랜만에 귀국해보니 우리나라 사람들 영어 의사소통 능력은 달라진 게 없더군요. 경제개방 이후로 월등히 좋아지고 있는 중국인들의 영어실력과 비교해보니 더더욱 우리나라 사람들의 영어소통 능력은 제자리 걸음이었습니다. 도대체 문제가 뭘까요? 우리나라 사람들이 기초를 우습게 보는 게 문제였습니다. 그래서 정말 의사소통의 기본 중의 기본, 핵심 중의 핵심만 모은 책을 다시 써보자는 생각을 했죠. 그래서 나온 게 바로 이 책 〈One English〉입니다.

영어책을 쓴 지가 어언 10년이 넘어가는데요, 미드 속 표현이나 이디엄 같은 중급 학습자들을 위한 좀 어려운 책은 오히려 쓰기가 쉬운 반면에 영어 내공이 적은 학습자들을 위한 책을 쓸 때에는 잘 해야 한다는 부담감으로 오히려 등에 땀이 나고 타이핑하는

손에 힘이 더 들어가는 것 같습니다. 더 기본적인 내용을 더 이해하기 쉽게 전달해야 하니까요. 그래서 영어로 힘들어하는 여러분들과 제대로 소통을 하기 위해서 여러 가지 방법으로 질문을 받아왔고 그 질문에 대한 답변에 충실하려고 책으로나마 노력하고 있습니다. 이 책 〈One English〉는 내 의견 말하기, 궁금한 것 물어보기, 원하는 것 부탁하기, 상황 설명하기, 내 느낌 표현하기 5개 파트로 구성이 되어있습니다. 우리가 생활하면서 꼭 부딪히는 상황을 5개 그룹으로 분류하고, 각각의 상황에서 가장 정확하고 간결하게 묻고 대답할 수 있는 표현을 뽑았습니다. 게다가 이런 짧은 표현은 패턴으로 확장되어 더 다양하게 대화할 수 있게 구성했습니다.

이 책 본문에도 자세히 소개했지만, 영어로 소통을 잘 하기 위해서는 다음의 5가지 단계를 밟아야 합니다. 첫째는 기본의 기본을 다지자, 둘째는 패턴으로 시작하자, 셋째는 태도와 성격을 바꿔라, 넷째는 시간을 무자비하게 투자해라, 다섯째는 아는 만큼 발전시킬 수 있다입니다. 지금 여러분이 공부할 이 책의 내용은 처음 두 단계에 해당하는 부분입니다. 이 책을 통해 이 부분들을 완벽하게 익혔다면 그 다음은 차례로 뒤쪽 단계를 밟아가면 됩니다.

아무쪼록 여러분이 이 책을 통해 영어소통의 기본을 제대로 다져서 지긋지긋했던 영어인생에 날개를 달아보시기 바랍니다. 파이팅!

2009년 2월 서울 역삼동에서 닥터 백

PART.4 상황은 이래
상황 설명하기

PART.5 느낀대로 말할께
내 느낌 표현하기

☆ One English의 남다른 특징

하나 대한민국에서 가장 쉬운 영어소통책입니다. 정확하고 간결하게 하고 싶은 말을 하기 위한 핵심표현만 심플하게 모아두었습니다.

둘 영어에 자신 없는 여러분을 위한 자신감 훈련서입니다. 긴 문장을 외우기 전에 바로 대답하고 표현할 수 있는 짧은 표현으로 자신감을 기를 수 있습니다.

셋 기본부터 시작해서 응용까지 가능한 만능영어책입니다. 이 책의 99가지 간결하고 정확한 영어표현은 확장해서 패턴으로도 쓸 수 있습니다.

넷 중1 단어 실력으로도 부담 없는 영어책입니다. 이 책의 모든 표현과 영어대화는 중1학년 정도의 단어 실력만 있으면 누구든 쉽게 공부해서 말할 수 있습니다.

다섯 생생한 미국 영어가 살아있는 영어책입니다. 이 책에 나오는 모든 표현은 현재 미국에서 365일 24시간 늘 사용하는 살아있는 영어입니다.

★ One English의 남다른 구성

하나 5가지 의사소통 장면별 파트 구성으로 같은 의사소통 상황에서 쓰이는 표현을 묶어놓으니까 외우기 편하고 쓸 때에도 기억하기 쉽습니다.

둘 미리 테스트와 나중 테스트로 내 실력 확인하고 배운 것 되새기니까 공부에 자극도 되고 오래 기억할 수 있습니다.

셋 앞페이지는 기본표현 뒤페이지는 확장패턴을 보여주니까 영어실력이 없어도 공부하기 쉽고 쉽게 응용할 수 있습니다.

넷 닥터 백의 영어 커뮤니케이션 클리닉으로 학습상담까지 받으니까 공부에 계획이 서고 방법이 보입니다.

다섯 핵심표현 트레이닝 파일로 타이밍에 맞는 말하기 연습을 혼자서도 할 수 있으니까 배운 게 말로 나옵니다. 핵심표현 트레이닝 파일(Free MP3 File)은 www. saramin. com에서 내려 받으세요.

자, 이제 영어로
말 좀 해볼까요?

PART ★ 1

내 생각은 이래

의견 말하기

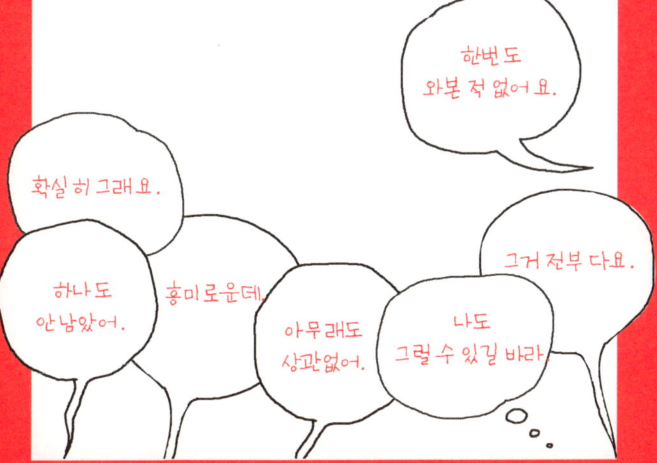

한번도
와본 적 없어요.
확실히 그래요.
하나도
안남았어.
흥미로운데,
아무래도
상관없어.
나도
그럴 수 있길 바라
그거 전부 다요.

네모 안에 가장 정확하고 간결한 표현을 넣어 의견을 말해보세요.

001 A Which one do you want?
    B ☐ 둘 다요.

002 A I think we should hire this candidate.
    B ☐ 확실히 그래요!

003 A How was the test?
    B ☐ 쉬웠어.

004 A How are you?
    B ☐ 그럼.

005 A ☐ 흥미로운데.
    B I thought so, too.

006 A ☐ 다음에 봐.
    B Bye!

007 A Can you bring me another beer?
    B ☐ 아마도.

008 A Who's (thing) is this?
    B ☐ 내 거야.

009 A Have you been here before?
    B ☐ 한번도 없어요.

010 A How many cookies are left?
B [   ] 하나도 안 남았어.

011 A Is this the way to do it?
B [   ] 맞아요.

012 A Can you help me?
B [   ] 물론이지.

013 A Should I go or stay?
B [   ] 아무래도 상관없어.

014 A It rained last night.
B [   ] 틀렸어.

015 A Are you coming?
B [   ] 나도 그럴 수 있길 바라.

016 A Call me tonight.
B [   ] 그럴게.

017 A Jen and Kevin eloped this weekend!
B [   ] 말도 안 돼!

018 A How much do you want?
B [   ] 그거 전부 다요.

 얼마나 맞히셨나요? 다음 페이지부터 편하게 읽으면서 확인해보세요!

Both 둘 다

지금까지 살면서 가장 대답하기 곤란했던 질문이 뭐였나요? 아마도 "엄마가 좋아, 아빠가 좋아?"가 아니었을까 싶네요. 이렇게 대답하기 곤란할 때 가장 쓰기 좋은 말이 바로 Both입니다. 한국인들이 잘 못 써먹는 영어 표현으로 대표적인 게 바로 both와 either인데요, 두 표현 모두 대상이 두 개일 때 쓴답니다. either는 '둘 중 하나' both는 '둘 다'를 가리킬 때 쓰죠. 하나 더, '모두'라는 뜻을 가진 all은 대상이 세 개 이상일 때 쓴다는 거 알아두세요.

뭔가를 선택하는 건 너무 힘들어

A **Which one do you want?** 어떤 게 좋아?
B **Both.** 둘 다.

A **Should we use pineapple or coconut?** 파인애플을 넣어야 할까 코코넛을 넣어야 할까?
B **Both. They taste good together.** 둘 다. 같이 넣으면 아주 맛있어.
A **This will be a wonderful fruit salad.** 정말 훌륭한 과일 샐러드가 되겠는데.

I want **both** of them.

질문에 좀 더 정확하고 그럴 듯하게 대답하고 싶다면 주어와 동사를 넣어 완전한 문장을 만들어주면 됩니다. 무슨 말이건 완전한 문장으로 말하면 좀 더 정확하고 격식 있는 표현이 되지요. 여기서도 주어와 동사 I want나는 ~를 원해 를 넣고 both 뒤에 of them/of you/dresses 같은 말을 덧붙여서 대상을 정확하게 표현해줄 수 있습니다. '나는 그것들 둘 다 원해' '나는 너희 둘 다 원해' '나는 두 벌 모두를 원해' 라는 뜻이 된답니다.

같이 사러 가도 취향은 달라

A **Do you want the red car or the blue car?**
넌 빨간 게 좋아 아니면 파란 게 좋아?

B **I want both of them.** 난 둘 다 좋은데.

A **No. I want one of them.** 아니. 난 하나만 맘에 드는걸.

난 둘 다 원해. **I want both.**
난 너희 둘 다 여기에 오길 바라. **I want both of you to come.**
난 두 벌 다 좋아요. **I want both dresses.**
난 두 켤레 모두 맘에 들어. **I want both pairs of shoes.**

Definitely 확실히

뭐든지 우물쭈물하면서 "글쎄…" "잘 모르겠는데…"라고 말하는 사람은 매력이 없죠? 모르는 건 모른다고 아는 건 안다고 확실히 의사를 표현하는 사람이 멋져 보이는 법. 이처럼 Definitely는 짧고 강하게 자신의 확신을 나타내는 표현입니다. 우리말로 '확실해' '물론이지' '당연하지' 정도가 되겠죠. 또 상대방의 말에 전적으로 동의할 때 쓰기도 합니다.

만장 일치 로 결정 했어!

A **I think we should hire this candidate.**
제 생각엔 우리가 이 후보자를 고용해야 할 것 같아요.

B **Definitely! She has everything we need.**
확실히 그래요! 그 여자는 우리가 원하는 모든 것을 가지고 있어요.

A **Did you have a good time last night?** 어젯밤에 좋은 시간 보냈어?
B **Definitely.** 물론이지.
A **That's great.** 잘됐구나.

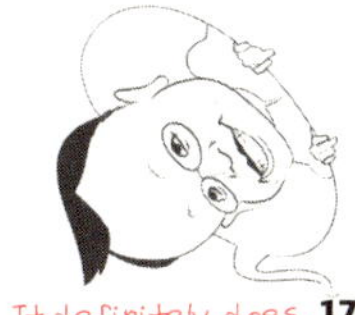

It **definitely** does.

앞서 말했듯이 주어와 동사를 갖춰 제대로 된 문장으로 말하면 좀 더 완전한 표현이 됩니다. 이때 확실히 어떠하다고 말할 상황이 앞서 나와야 하니까 It을 주어로 쓰면 되죠. definitely는 부사이기 때문에, 주어 It 뒤에 동사 does 앞에 써야 한다는 점 주의하세요.

A **Looks like rain.** 비 같은데.

B **It definitely does.** 확실히 그러네.

그건 확실히 내 생각이 아니었어. **It definitely wasn't my idea.**
그건 확실히 오래 걸려. **It definitely took too long.**
그건 확실히 그의 최고의 작품이라구. **It definitely was his best work.**
그건 확실히 고약한 냄새가 나. **It definitely stinks.**

Easy 쉽지

학교에서 시험 볼 때 이런 학생 꼭 있다! How was the test? 시험 어땠어? 라고 물어보면 '훗, 이쯤이야!' 하는 얼굴로 Easy라고 하면서 막상 결과를 보면 하찮은 점수를 받은 애들. 반대로 울면서 Hard라고 말해놓고는 정작 한 개밖에 안 틀린 애들. 이때 Hard 대신에 Difficult를 써도 어렵다는 뜻이 됩니다. 당신은 어떤 타입인가요?

쉬웠다는 애가 평균 50점이냐

A **How was the test?** 시험 어땠어?

B **Easy.** 쉬웠지.

A **I could just kill him!** 내가 그 자식 죽여버릴 수도 있었다구!
B **Easy. Take a deep breath.** 진정해. 심호흡 좀 해봐.
A **You're right. I'm just angry.** 네 말이 맞다. 난 단지 화가 났던 거야.

It is **easy.**

앞서 나온 상황을 주어로 해서 문장을 만들면 좀 더 명확한 표현이 됩니다. It/This/That 등을 주어로 쓰고, 주어에 맞는 be동사를 써서 형용사인 **easy**와 연결해주는 거예요. It/This/That은 모두 3인칭이니까 is나 was를 쓰면 되겠죠? 처음 한번만 이렇게 알아두고 앞으로는 be동사니 형용사니 따지지 말고 자연스럽게 입에서 나올 수 있게 외워두자구요.

이렇게 좋은 방법이 있었어?

A **I've never done this before.** 난 전에 이걸 해본 적이 없어요.

B **This is how I do it.** 나는 이렇게 해요.

A **This is easy.** 이거 쉽네요.

쉬웠어요. **It was easy.**

쉬웠니? **Was it easy?**

여기서는 길을 잃기 쉽습니다. **It's easy to get lost here.**

이게 저것보다 더 쉽네요. **This is easier than that one.**

Fine 그럼

대한민국 국민이라면 "How are you? – Fine, thank you."라는 패턴 회화를 모르는 사람이 없을 거예요. 하지만 여기에 두 가지 오해가 있으니 주의해야 합니다. 첫째는 Fine이 그저 좋다는 뜻이 아니라는 것, '그럭저럭 괜찮아' '그래' '좋아' 같은 뉘앙스라는 점이에요. 그래서 상황에 따라서는 삐친 상태에서 "됐어, 됐다구!"라는 뜻으로도 쓸 수 있답니다. 둘째는 발음이 의외로 어렵다는 겁니다. 한국 사람은 발음할 때 입을 별로 벌리지 않는 편인데 Fine을 발음할 때는 입을 둥그렇고 크게 쩍 벌려서 소리가 밖으로 나가게 해야 합니다.

삼대구년 만에 길에서 마주친 초등학교 때 라이벌

A **How are you?** 잘 지내?

B **Fine.** 그럼.

A **I'm not going to the party.** 난 파티에 가지 않을 거야.
B **Fine. We'll go without you.** 좋아. 우린 너 놔두고 갈 거야.
A **What? That's not fair!** 뭐라고? 그건 불공평해!

This is **fine.**

식당에서 웨이터가 자리를 안내해주면서 "이 자리 어떠세요?"라고 물으면 간단하게 Fine.이라고 해도 되지만 This is fine.이라고 할 수도 있습니다. 화가 나는 일이 있어서 씩씩거리고 있는데 친구가 "너 화났어?"라고 확인사살을 하네요. 속에선 부글부글 끓어도 속 좁다는 말 안 들으려면 I'm fine.괜찮아.이라고 한마디 날려주세요.

그녀와의 첫 데이트, 이 식당 맘에 들어 할까?

A **We need a table for two.** 두 명이에요.
B **Is this table okay?** 이 자리 괜찮으세요?
A **This is fine.** 좋습니다.

전 좋습니다. **I'm fine.**
그건 좋았어요. **It was fine.**
우리 어머님은 잘 지내십니다. **My mother's fine.**
그 시험은 괜찮았어요. **The test was fine.**

Interesting

홍미로운데

Interesting 또는 Very interesting은 미국 사람들이 정말로 많이 쓰는 말입니다. '홍미로운데요' 라는 뜻이지만 곧이 곧대로 받아들이면 곤란할 수도 있어요. 예의상 맞장구쳐주는 말로 많이 쓰거든요. 잘못 이해하면 왕자병 소리 들을 수 있으니 그냥 상대방이 이 얘기에 관심 있어하는구나 정도로만 생각하자구요.

지구 온난화에 대한 다큐멘터리를 보고

A **Interesting.** 홍미로운데요.

B **I thought so, too.** 저도 그렇게 생각했어요.

A **Chris didn't show up last night.** 크리스가 어젯밤에 나타나지 않았어.

B **Interesting. I saw him leave with Vicki.**
재밌는데. 나 걔가 비키와 함께 떠나는 걸 봤거든.

A **Do you think he went home with her?**
걔가 비키랑 같이 집으로 갔다고 생각하는 거야?

This is interesting.

뉴스를 보다가 혹은 친구의 얘기를 듣다가 '그 부분 참 재미있는데?' 싶을 때가 있죠? 그 재미있는 포인트를 구체적으로 표현하고 싶으면 주어를 밝히고 interesting을 붙여서 말해보세요. 신문을 읽다가 재미있는 기사가 나오면 This article is very interesting.이 기사 흥미로운데. 라고 말하면 되겠죠.

박쥐는 초음파를 낸다는군요

A This article is interesting. 이 기사 흥미로운데요.

B What's it about? 무엇에 관한 글인데요?

A It's about bats. 박쥐에 대한 거예요.

오늘 뉴스가 흥미롭네요. **Today's news is interesting.**

뭐가 흥미롭죠? **What interests you?**

뭔가 흥미로운 것이 있나요? **Is there anything interesting?**

TV에 재미있는 걸 하나도 안 하네요. **There's nothing interesting on television.**

Later 다음에요

미국에 간 지 얼마 되지 않았을 때 친구와 놀다가 헤어지면서 당황했던 적이 있었어요. 분명히 See you later. 다음에 봐. 라고 해야 할 상황인데 Later만 들리더라구요. 너무 빨리 말해서 그랬나 보다 하고 내 귀를 의심했었죠. 그런데 나중에 알고 보니 진짜로 Later만 말했더라구요. See you later. 도 별로 길지 않은 표현이지만 이조차 짧게 말할 수 있으니 알아두자구요.

헤어질 때 좀 더 멋진 말 없을까

A **Later.** 다음에 봐.

B **Bye!** 안녕.

A **Want to go out for drinks?** 밖에 나가서 한잔 할래?
B **Later. I have some work to finish.** 나중에. 끝내야 할 일이 있어서.
A **How about 9:00?** 그럼 9시에는 어때?

I'll do it **later.**

주어와 동사를 갖추어서 말하고 싶으면 later를 문장 맨 뒤에 써줍니다. 그리고 '나중에' 하겠다는 뜻이니까 미래를 나타내는 조동사 will을 같이 써주는 거죠. "나중에 전화할게"는 I'll call you later. "나중에 보자"는 I'll see you later.라고 하면 됩니다.

A **I'll see you later.** 나중에 보자.

B **Good-bye!** 잘 가!

내가 나중에 할게. **I'll do it later.**
나중에 끝낼게요. **I'll finish it later.**
제가 나중에 그분들께 전화할게요. **I'll call them later.**
전 숙제를 나중에 할 거예요. **I'll do my homework later.**

Maybe 아마도

모든 질문에 확실하게 대답하는 게 멋지긴 하지만 살다 보면 확실하게 말하지 못하는 경우가 많죠. 내일까지 끝내주기로 한 일이 있는데 시간은 모자라고, 내일까지 가능하냐는 재촉전화에 "못하겠어요"라고 할 수는 없고. 이럴 때는 Maybe라고 적당히 얘기하게 됩니다. 이처럼 Maybe는 그럴 수도 아닐 수도 있는 50퍼센트 정도의 가능성이 있는 경우에 사용하세요.

웬만 하면 네가 가져 다 먹어

A Can you bring me another beer?
맥주 한 잔 더 갖다줄 수 있어?

B Maybe. What's in it for me? 아마도, 그게 나에게 무슨 이익이지?

A **It's 6:15.** 지금 6시 15분이야.
B **Maybe we're at the wrong theater.** 어쩌면 우리는 다른 극장에 있는 건지도 몰라.
A **That's possible.** 그럴 수도 있겠다.

It might be too late. **27**

It **might** be too late.

might는 가능성을 나타내는 조동사 may의 과거형입니다. 조동사 might가 Maybe의 의미를 대신해서 쓰이는 경우죠. 어떤 가능성에 대해 더 자세히 이야기하려면 It might be 뒤에 그 내용을 써주면 됩니다. "너무 늦은 건지도 몰라"라고 말하려면 It might be too late.라고 하면 됩니다.

우리 힘으론 역부족이야

A **Should we ask for help?** 우리가 도움을 청해야 할까?

B **It might be a good idea.** 그게 좋은 생각일지도 모르겠다.

그게 현명할지 몰라. **It might be wise.**
아직 너무 더울지도 몰라. **It might be too hot yet.**
조금 습할지도 몰라. **It might be a little damp.**
그건 바보 같을지도 몰라. **It might be foolish.**

Mine 내 거야

중학교 영어시간에 대명사를 배우면서 I, my, me, mine을 열심히 외웠던 거 기억나시나요? I는 '나는/내가' my는 '나의' me는 '나를' mine은 〈my+사물〉을 나타내어 '나의 것'이란 뜻입니다. 그 이름도 거창한 '소유대명사'란 거죠. 이름이야 어쨌든 내 물건임을 나타낼 때 Mine한마디로 간단하게 표현할 수 있습니다.

이거 내 거거든?

A **Who's thing is this?** 이거 누구 거야?
B **Mine.** 내 거.

A **Who's turn is it?** 누구 차례지?
B **Mine.** 내 차례야.
A **Play your cards, then.** 자, 그럼 카드를 내라고.

That is mine.

어떤 것이 나의 것(mine)인지 정확하게 나타내려면 역시 주어와 동사를 붙여주세요. That is mine.저거 내 거야. This is mine.이거 내 거야. That car is mine.저 차는 내 거야. 처럼 말이에요. 그렇다고 길 가다가 멋진 남자를 보고는 That guy is mine.이라고 말하는 건 아니겠죠?

이 식당에 온 사람들은 죄다 검정 코트만 입나봐

A **Let's get our coats.** 우리 코트 찾자.

B **That coat is mine.** 저게 내 거야.

A **I found mine, too.** 나도 내 것 찾았어.

이게 내 것 같은데요. **I think this is mine.**
저 책은 제 겁니다. **That book is mine.**
그 남자가 내 걸 가져갔어. **He took mine.**
내 것이 없어졌어요. **Mine is missing.**

Never 전혀

요즘은 한국어로 말할 때도 Never라는 말을 쓰는 많이 쓰더라구요. "너 저 여자애 좋아하지?"라는 친구의 말에 기겁을 하면서 "네버!"라고 외치는 초등학생을 본 적도 있어요. Never는 주로 과거에 경험한 적이 있는지 질문을 받을 때 '아니오' '전혀요' '절대로요' 의 의미로 씁니다. No보다 강한 부정의 의미를 나타낸다고 할 수 있죠. 초록색 검색사이트 이름하고 헷갈리지 말자구요.

어라, 우리 동네를 나보다더 잘 아네?

A **Have you been here before?** 여기 와본 적 있어요?

B **Never.** 한번도 없어요.

A **Have you ever eaten eel?** 뱀장어 먹어본 적 있어요?
B **Never.** 아니오.
A **You should try it some time.** 언젠가 꼭 한번 먹어봐요.

I've **never** learned to swim.

I've는 I have를 줄여서 표현한 것으로 과거에 어떤 경험을 했다는 의미가 있습니다. 그래서 I've never 다음에는 꼭 been나 done, tried와 같은 과거분사 형태가 와야 해요. 같은 동사라도 do-did-done처럼 세 가지 형태가 있어서 시제가 달라지거나 특별한 표현을 할 때는 구분해서 쓴다는 거 배운 적 있죠? 동사의 과거분사형이 헷갈릴 때는 영어사전을 찾아보세요. 영어를 잘하는 지름길은 영어사전을 자주 찾아보는 것이랍니다.

사실은 수영복 입은 모습이 보고 싶었어

A **Do you want to go swimming?** 수영하러 갈래요?

B **I've never learned to swim.** 수영하는 법을 전혀 배운 적이 없어요.

A **I'll teach you.** 내가 가르쳐줄게요.

저는 그것을 전혀 시도해본 적이 없어요. **I've never tried that.**
나는 전에 전혀 이긴 적이 없어요. **I've never won before.**
저는 전에 그걸 들어본 적이 전혀 없습니다. **I've never heard that before.**
그거 다시는 하지 마라! **Never do that again!**

None 하나도 없어

엄마가 형이랑 만두를 나눠 먹으라고 하셨는데 형이 학원 갔다 돌아오는 시간까지 기다릴 수가 없어서 홀랑 다 먹어버린 이런 경험, 다들 있으시죠? 대문 열고 들어오면서 "뭐 먹을 거 없어?"하고 물어보는 형에게 미안하긴 하지만 None이라고 한마디 해주고 잽싸게 방으로 도망가는 게 상책. 만두나 쿠키 같은 사물은 물론이고 사람이 몇 명이냐고 물어볼 때도 None을 쓸 수 있습니다.

그 많은 쿠키를 다 먹은 거야?

A **How many cookies are left?** 쿠키 몇 개나 남아있어?

B **None.** 하나도 없는데.

A **I wonder how many people passed the final.**
몇 명이나 기말시험을 통과했는지 궁금해.

B **None. That's what I heard.** 아무도 없대. 내가 들은 바로는 그래.

A **I believe it. It was hard.** 그 말 믿어. 시험이 어려웠잖아.

I want **none** of them.

None을 제대로 된 문장으로 나타내려면 none of them처럼 무엇이 없는지를 나타내주어야 하기 때문에 조금 길어집니다. "나는 그거 하나도 원하지 않아"라고 말하고 싶으면 '원하다' 라는 뜻의 동사 want를 이용해서 I want none of them.이라고 하면 됩니다.

오래된 사과 같은데 나더러 걸 먹으라고?

A **How many apples do you want?** 사과를 몇 개나 원해?

B **I want none of them.** 하나도 원하지 않는데.

A **Okay.** 알았어.

저는 저것들 하나도 원하지 않아요. **I want none of those.**
저는 그 채소 하나도 원하지 않습니다. **I want none of the vegetables.**
나는 그 치즈 하나도 필요하지 않아. **I want none of the cheese.**
저는 저 책들 한 권도 원하지 않습니다. **I want none of those books.**

Right 맞아

Okay나 Yes와 비슷한 뜻으로 Right을 쓸 수 있습니다. 질문에 대답하거나 남의 의견에 동조할 때 '맞아요' '그래요' 라는 뜻으로 쓰는 거죠. 쉬운 표현이지만 발음에 주의해야 합니다. 우리나라 사람들이 많이 어려워하는 r과 l의 발음 차이 때문이죠. Right는 입을 둥글게 모으고 혀가 입천장에 닿지 않게 주의하면서 [롸이트]이라고 발음해야 합니다. 혀가 닿으면 light[(을)라이트]이 되니까 주의하세요.

나도 포토샵 좀 안다구요

A **Is this the way to do it?** 이거 이렇게 하는 거죠?

B **Right.** 맞아요.

A **We don't have enough gas.** 우리 가스가 충분하지 않아요.

B **I think we should turn back then.** 그럼 내 생각엔 되돌아가야 할 것 같아요.

A **Right. We don't want to be stranded.**
맞아요. 가다가 서버리는 걸 원하지는 않으니까요.

You're **right** about it.

토론할 때처럼 진지한 상황에서 많이 쓰이는 표현으로 You're right about~을 쓸 수 있습니다. 대화하는 상대방의 의견에 동의한다는 뜻을 나타내는 거죠. "그것에 대해서는 네 의견이 맞아"라고 말하고 싶으면 You're right about it.이라고 하면 됩니다.

이 수업 듣지 말라고 할 때 그말 들을 걸.

A **You're right about this class.** 이 수업에 대한 네 말이 맞아.
B **What?** 뭐?
A **It is hard.** 이 수업 어렵다구.

그 장소에 대해서 당신 말이 맞습니다. **You're right about the location.**
그 질문에 대해서 당신 말이 맞아요. **You're right about that question.**
걔에 대해서 네 말이 맞아. **You're right about her.**
그 프로젝트에 관해서는 당신이 맞습니다. **You're right about the project.**

Sure 물론

일상 대화에서 정말 많이 쓰는 표현입니다. 영어를 잘 모르는 사람도 Sure 정도는 알고 있을 거예요. 같은 뜻인 Of course 역시 많이 쓰죠. Sure는 아주 쉽고 간단한 표현이지만 발음이 그리 쉽지는 않습니다. 입을 크게 벌리고 '슈' 에 강세를 빡 주고 큰 소리로 자신 있게 말해야 네이티브 같은 발음이 된답니다.

밥만 사주면 열심히 한답니다

A **Can you help me?** 절 도와줄 수 있나요?

B **Sure.** 물론이죠.

A **Can I borrow your sweater?** 네 스웨터 빌려줄 수 있어?
B **Sure. Just take care of it.** 물론. 더럽히지만 말아줘.
A **Don't worry!** 걱정말라구!

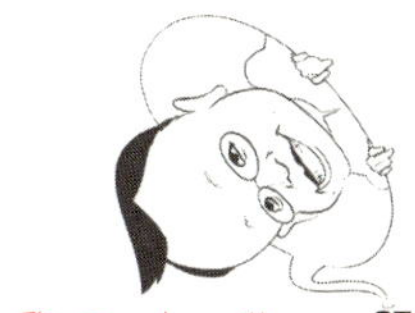

I'm **sure** he will come.

뭔가에 대해 확신한다고 말할 때, 그 '뭔가' 에 해당하는 말을 sure 뒤에 넣어서 쓸 수 있습니다. "그가 올 거라고 확신해"는 I'm sure he will come. "난 합격할 거라고 믿어"는 I'm sure I will pass.라고 하면 됩니다.

우리 조거 곁에 남겨 두고 떠나버린 배트맨, 제발 돌아와!

A **Will he come?** 그가 올까요?

B **I'm sure he will.** 당연히 올 겁니다.

여기가 맞는 장소라고 확신해. **I'm sure this is the right place.**
난 이것에 대해 확신하지 못합니다. **I'm not sure about this.**
확실합니까? **Are you sure?**
지금이 적절한 때라고 믿어요? **Are you sure this is the right time?**

Whatever 맘대로 해

여자친구랑 쇼핑하러 갔는데 다 똑같아 보이는 자켓을 이것저것 걸쳐보면서 자꾸 뭐가 예쁘냐고 물어보네요. 맘 같아서는 Whatever라고 외쳐주고 싶겠지만 절대로 그러면 안 돼요. 영어에서 가장 무관심한 표현이 바로 Whatever거든요. "네가 뭘 하든 난 상관없어! 맘대로 하라구!"라는 뜻이죠. 정말이지 뭘 어떻게 해야 할지 모를 때 빼고는 많이 쓰지 마세요.

넌 하루에 백 번씩 마음이 바뀌잖아!

A **Should I go or stay?** 나, 갈까 그냥 있을까?

B **Whatever.** 맘대로 해.

A **Should we stay in or go out tonight?**
오늘 밤 집에 있을까 아니면 밖에 나갈까?

B **Whatever. You decide.** 마음대로. 네가 결정해.

A **I always decide.** 언제나 내가 결정하잖아.

I'll do whatever you want. **39**

I'll do **whatever** you want.

앞에서 배운 Whatever는 무관심의 표현이지만 이것이 문장에서 쓰이면 뜻이 조금 달라집니다. '아무거나' 가 아니라 '뭐든지' 를 뜻하거든요. 화가 난 애인에게 사과 편지를 쓸 때 I'll do whatever you want. 라고 하면 "난 네가 원하는 거라면 뭐든지 할게"라는 뜻이 되죠. 꼭 외워둬야 되겠죠?

분부대로 하겠사와요

A Do you want to mow the lawn or wash the car?

잔디를 깎으시겠어요, 아니면 세차를 하시겠어요?

B I'll do whatever you want me to do.

당신이 원하시는 거라면 뭐든지 할게요.

A Okay. You can mow the lawn.

좋아요. 잔디부터 깎으세요.

필요한 일이라면 뭐든지 하겠습니다. **I'll do whatever needs doing.**
그들이 내게 원하는 일이라면 뭐든지 다할 거야. **I'll do whatever they tell me to do.**
그가 내게 원하는 일이라면 뭐든지 다할 겁니다. **I'll do whatever he asks me to do.**
남은 일이라면 뭐든지 다하겠습니다. **I'll do whatever is left to do.**

Wrong 틀렸어

우리말에서 '다르다' 와 '틀리다' 의 뜻이 다르다는 걸 의외로 많이들 모르시더라구요. '다르다' 는 "모양이 다르다"에서처럼 어떤 두 대상이 서로 같지 않다는 뜻이고 '틀리다' 는 "답이 틀렸다"에서처럼 정해진 것과 맞지 않다는 뜻이죠. 이렇게 '틀리다' 라는 뜻의 영어단어가 바로 wrong이고 '다르다' 는 different 입니다. wrong을 발음할 때는 앞에서 배운 right처럼 혀가 입천장에 닿지 않게 하면서 [륑]이라고 해야 합니다.

11시에 일어났으니 아침과 밤이 분간이 안 되지

A **It rained last night.** 어젯밤에 비가 왔네.

B **Wrong. It rained early this morning.**
틀렸어. 비는 오늘 아침 일찍 왔다구.

A **I know you don't like parties.** 난 네가 파티를 좋아하지 않는다는 걸 알고 있어.

B **Wrong. I do, but it depends on the people.**
틀렸어. 나 좋아해, 하지만 파티에 오는 사람들에 따라 다르지.

A **In that case, should we go to Shelly's?** 그럼, 샐리의 파티에 갈래?

You're **wrong** about her.

무엇이 틀렸는지 구체적으로 알려주려면 〈주어+동사+ wrong about+ 대상〉이라고 쓰면 됩니다. "그 여자에 대해서는 네가 틀렸어(그 여자에 대한 네 생각은 틀렸어)"라고 말하고 싶으면 You're wrong about her.라고 하는 거죠.

A **You're wrong about that restaurant.**
그 식당에 대해서는 네 생각이 틀렸어.

B **What do you mean?** 무슨 말이야?

A **We liked the food there.** 우린 거기 음식이 아주 좋았거든.

이 수업에 대해서는 네가 틀렸어. **You're wrong about this class.**
그 방향에 대해서는 네가 틀렸어. **You're wrong about the directions.**
이걸 어떻게 해야 하는지에 대해서는 당신이 틀렸습니다. **You're wrong about how to do this.**
우리 선생님에 대한 네 생각은 틀렸어. **You're wrong about our teacher.**

015

I hope 그랬으면 해

누가 앞으로의 계획을 물을 때, 정확하게 말할 수는 없지만 나도 그럴 수 있기를 바란다는 뜻으로 I hope so.를 씁니다. "나도 그러길 바라"라는 뜻이 되겠죠. 여기서 so를 빼고 그냥 I hope라고 할 수도 있는데 상대방이 하는 말에 맞장구치는 듯한 느낌으로 쓰면 됩니다.

나도 네 생일파티 가고 싶지만 선물 살 돈이 없다구

A **Are you coming?** 너 올 거야?

B **I hope.** 나도 그랬으면 좋겠는데.

A **Is your dad going to be okay?** 너희 아버지는 괜찮으실 거래?
B **I hope. He has an infection.** 그러길 바라. 아버지는 감염되셨어.
A **Are they giving him antibiotics?** 병원에서 항생제를 줄 거래?

I hope that she calls. **43**

I hope that she calls.

어떤 일이 그렇게 되길 바라는지 구체적으로 말하고 싶다면 I hope that 뒤에 원하는 내용이 담긴 문장을 써주면 됩니다. 다른 표현에서는 〈about+명사/대명사〉를 써서 간단하게 말했지만 I hope 뒤에는 문장이 와야 합니다. "나는 그 여자가 내게 전화했으면 좋겠어"는 I hope that she calls. 라고 하는 거죠.

A **I hope that you can come.** 네가 올 수 있으면 좋겠어.

B **I hope so, too.** 나도 그랬으면 좋겠어.

그들이 오면 좋겠습니다. **I hope that they come.**
일할 게 더 이상 없으면 좋겠어. **I hope that there's no more work to do.**
이것으로 충분했으면 좋겠어. **I hope that this is enough.**
우리가 늦지 않았으면 좋겠는데요. **I hope that we're not late.**

016

I will 그렇게

상대방의 질문에 긍정적으로 대답할 때 우리말로는 "응!"이면 해결되지만, 영어에서는 '확실해(Definetely)' '그랬으면 좋겠어(I hope so)' '아마 그럴 거야(Maybe)' 처럼 가능성 정도나 뉘앙스에 따라 대답을 조금씩 다르게 합니다. I will도 같은 맥락인데요, 앞으로 하려는 일에 대해 확인시켜주는 느낌으로 "응, 그렇게 할게"라고 할 때 씁니다.

우리 두 사람, 드디어 사랑이 시작되는 거야?

A **Call me tonight.** 오늘 밤에 전화해.

B **I will.** 그렇게.

A **Remember to pick up your sister.** 네 동생 데리러 가는 거 잊지 마.
B **I will.** 그럴게요.
A **Her dance class is over at 6:00.** 네 동생 무용 수업이 6시에 마친단다.

I'll do it for you. **45**

I'll do it for you.

I will을 줄여 쓰면 I'll이 되는 건 다들 아시죠? 이렇게 I'll 다음에 동사 do를 붙여서 다양한 표현을 할 수 있습니다. 물론 do 말고 다른 동사를 쓸 수도 있지만, 일상생활을 나타내는 표현에는 do the shopping쇼핑하다, do the mowing잔디 깎다처럼 do가 많이 쓰입니다. 자주 쓰는 표현이니 꼭 알아두세요.

A **What do you want to do?** 넌 뭘 하고 싶어?

B **I'll do whatever you want me to do.**
네가 원하는 것은 뭐든지 다할게.

전 빨래를 할 겁니다. **I'll do the laundry.**
난 요리를 할 거야. **I'll do the cooking.**
청소기를 돌리려고 해. **I'll do the vacuuming.**
설거지를 하려고 해. **I'll do the dishes.**

017

No way 말도 안돼

No way는 도저히 믿을 수 없는 애기를 들었을 때 "그럴 리가 없어!"라는 의미로 놀란 감정을 드러내는 표현입니다. 일반적으로 way를 '길' 이라고 알고 있지만 '방법' 이나 '상황' 이라는 뜻도 있지요. 어젯밤 몸이 안 좋아서 못 나오겠다던 애인이 딴 여자랑 노닥거리는 걸 목격했다는 친구의 말을 들으면 어떨 거 같으세요? No way!가 절로 나오겠죠?

남녀 사이 는 아무도 몰라요

A **Jen and Kevin eloped this weekend!**
젠과 케빈이 이번 주말에 사랑의 도피를 했대!

B **No way! I didn't know they were serious.**
말도 안 돼! 난 걔들이 그렇게 심각한 사이인 줄 몰랐어.

A **I won a trip to Brazil!** 내가 브라질행 여행티켓을 따냈어.
B **No way!** 말도 안 돼!
A **Yep, and I'm inviting you to join me.**
맞아, 그리고 너에게 함께 가자고 부탁하려고 해.
B **No way!** 말도 안 돼!

There's **no way** out of this.

There's no way~는 무엇인가를 해낼 방법이 없어 막막하거나 믿기 힘든 상황에 쓸 수 있습니다. '~할 수 없어' '~일 리가 없어' '~라니 말도 안돼' 라고 해석하면 되겠죠. There's no way out of this.에서 out of는 from과 비슷한 뜻이니까 "여기(this)에서 빠져나갈 수(way)가 없어"라는 뜻이 된답니다.

회복 되기만 한다면 빨래, 청소, 음식 내가 다 할게

A **Will she recover?** 그녀가 회복될까요?

B **There's no way to tell at this point.**
현재 상태로는 뭐라 말할 수가 없네요.

그 사람이 그녀를 잊을 리가 없어. **There's no way he'll forgive her.**
걔가 타고난 금발이라니 말도 안 돼. **There's no way she's a natural blonde.**
빌리가 그녀의 아들이라니 말도 안 돼. **There's no way Billy is her son.**
진실을 알 방법이 없어. **There's no way of knowing the truth.**

018

All of it 전부 다

보통 '모두 다' '전부 다' 하면 **all**을 떠올립니다. 하지만 **all**에 **of it**을 붙여서 **All of it**이라고 하면 정말 네이티브다운 구어 표현이 됩니다. 그냥 '모두'가 아니라 '그것들 모두'라는 뜻이 되는 거죠. 어렵지 않으면서도 네이티브처럼 말할 수 있는 표현이니까 꼭 한번 사용해보세요.

드디어 월급날. 몽땅 사버릴 테다

A **How much do you want?** 얼마나 필요하세요?

B **All of it.** 전부 다요.

A **How much of this is garbage?** 이 중에 얼만큼이 쓰레기인가요?
B **All of it. Take it away.** 전부 다요. 그거 치워주세요.
A **Really? Even this Elvis painting?** 정말요? 이 엘비스 그림도요?

I want all of it. **49**

I want **all of it.**

뭔가 원하거나 필요한 게 있을 때 흔히 쓰는 I want에다 all of를 쓰면 좀 더 그럴 듯한 표현이 됩니다. 당연히 of 다음에는 it나 that, 또는 구체적인 사물이 올 수 있어요. I want all of it.은 "그거 전부 다 원해요" "그거 전부 다 주세요"라는 뜻이죠.

A **I want all of that.** 전 그거 전부 다 필요한데요.

B **Save some for me!** 절 위해서 일부는 남겨주세요!

A **Okay. Okay.** 알았어요, 알았어.

전 빨간 거 전부 다 원해요. **I want all of the red ones.**
전 그 쿠키 다 원해요. **I want all of the cookies.**
남은 것 다 원해. **I want all of the rest.**
난 이것들 다 원해. **I want all of these.**

앞에서 배운 핵심표현과 대화를 떠올려보세요.

001 A 어떤 게 좋아?
B **Both.**

002 A 제 생각엔 우리가 이 후보를 고용해야할 것 같아요.
B **Definitely!**

003 A 시험 어땠어?
B **Easy.**

004 A 잘 지내?
B **Fine.**

005 A **Interesting.**
B 나도 그렇게 생각해.

006 A **Later.**
B 안녕!

007 A 맥주 한 잔 더 갖다 줄 수 있어?
B **Maybe.**

008 A 이거 누구 거야?
B **Mine.**

009 A 여기 와본 적 있어요?
B **Never.**

010 A 쿠키 몇 개나 남아있어?
B **None.**

011 A 이거 이렇게 하는 거죠?
B **Right.**

012 A 나 도와줄 수 있어?
B **Sure.**

013 A 나, 갈까 그냥 있을까?
B **Whatever.**

014 A 어젯밤에 비가 왔네.
B **Wrong.**

015 A 너 올 거야?
B **I hope.**

016 A 오늘 밤에 전화해.
B **I will.**

017 A 젠과 케빈이 이번 주말에 사랑의 도피를 했대!
B **No way!**

018 A 얼마나 필요하세요?
B **All of it.**

닥터 백이 제안하는 영어학습법 다섯 가지

하나, 기본을 다지자(Go back to Basics)!

영어공부 방법에 대해서 이런저런 얘기가 넘쳐나지만 중요한 건 기본부터 다져야 한다는 겁니다. 미국에서 슈퍼볼을 몇 번이나 차지한 디트로이트 라이언스 선수들이 슬럼프에 빠져 있을 때 감독이 했던 유명한 말이 있는데요, 그게 바로 "Go back to Basics."입니다. 기본으로 돌아가라는 뜻이죠. 프로선수들도 기본을 중시하는데 하물며 영어에 익숙하지 않은 우리에게 기본의 중요성은 두말하면 잔소리죠. '알파벳 제대로 발음하기' '숫자 제대로 말하기' 등 자존심은 버리고 '기본의 기본' 부터 제대로 하자구요.

둘, 패턴으로 시작하자(Start with Patterns)!

패턴에 대해서 들어본 적이 있을 텐데요, 대화 중에 많이 쓰이는 문형, 즉 단어, 구, 문장만 바꿔 끼우면 얼마든지 응용가능한 기본문형을 패턴이라고 합니다. 기본부터 시작하자고 해놓고서 갑자기 왠 패턴이냐구요? 당연히 기본은 기본대로 다져야 합니다. 다만 패턴을 알면 우리나라 영어교육의 폐혜라고 할 수 있는 문법에 얽매여 입도 뻥끗 못하는 문제를 극복할 수 있습니다. 단어나 문법에 대한 두려움으로 영어가 엄두도 안 난다는 사람들은 패턴으로 시작해보세요.

셋, 태도와 성격을 바꾸자(Change your attitude)!

당연히 활발하고 적극적인 사람이 빨리 배우겠죠? 좀 쪽팔리더라도 좀 오버스 럽더라도 다른 사람 눈치보지 말고 많이 써보고 많이 질문하세요. 외국인든 한국 인이든 상관없어요. 자신감을 가지고 입을 떼는 게 중요합니다.

넷, 시간을 무자비하게 투자하자(Invest all your time and efforts)!

골드 키위로 유명한 제스프리 임규남 상무는 영어를 잘하기 위해서 3,000시간 을 투자했다고 합니다. 적어도 하루에 4시간 정도는 영어공부를 했다는 말인데 대 단한 노력이 아닐 수 없습니다. 노력도 안하고 큰걸 바라는 도둑 심보는 그만! 하루 에 단 몇 분이라도 꾸준히 영어공부에 투자하자구요.

다섯, 영어 컨텐츠를 확보하자(Expand your content)!

영어회화학원도 아니고 만날 때마다 이름이 뭐냐 어디 사냐 이런 것만 물어볼 수는 없겠죠. 영어로 말하는 틀을 익히는 동시에 내용(컨텐츠) 확보에도 힘써야 영 어를 잘할 수 있습니다. 자기가 좋아하는 분야나 사람들이 관심을 가질 만한 분야 에서 얘깃거리를 찾아 영어로 말하는 연습을 해보세요.

From 닥터 백

PART ★ 2

나에게 말해줘

궁금한 것 물어보기

네모 안에 가장 정확하고 간결한 표현을 넣어 질문을 해보세요.

019 A [   ] 끝났어?
  B Not yet.

020 A [   ] 어떻게 하는데?
  B Like this.

021 A [   ] 관심 있어?
  B Yes.

022 A [   ] 좋아?
  B Okay.

023 A She's married?
  B [   ] 네. 놀랐어요?

024 A Guess what!
  B [   ] 뭘?

025 A [   ] 언제 해?
  B Eight o'clock.

026 A [   ] 어디서?
  B At my place.

027 A [   ] 누구야?
  B My brother.

028 A I washed the car.
　　B ⬚ 왜?

029 A ⬚ 내가 할 수 있을까?
　　B Yes.

030 A I like this shirt.
　　⬚ 안 그래?
　　B No. I don't care for it.

031 A ⬚ 얼마예요?
　　B Thirty-seven dollars.

032 A ⬚ 너무 맵지?
　　B Yes!

033 A ⬚ 왜 그래?
　　B I'm not ready for my test.

019

Finished? 끝났어?

외국인 친구와 단 둘이 식사를 하는 무시무시한 상황이에요. 영어회화책을 달달 외워서 주문도 하고 준비해 간 대화도 하면서 어찌어찌 식사 막바지에 접어들었습니다. 휴, 슬슬 일어나려면, "다 드셨어요?"라고 말해야 하는데 생각이 안 나네요. 이럴 때 괜히 동사 eat의 완료형 어쩌구 어렵게 생각하지 말고 그냥 Finished?라고 하세요. 또 "배불러요?"라는 뜻으로 Are you there?라고 말하기도 합니다. 미국생활 초기에 미국인 친구와 밥을 먹다가 갑자기 Are you there?라고 하길래 "거기 있어요?"라는 말인 줄 알고 어리둥절했던 게 생각나네요.

무슨 밥을 두 시간이 넘도록 먹고 있는 거야

A **Finished?** 끝났어?

B **Not yet.** 아니 아직.

A **There. That's the last batch of muffins.** 저기. 저게 마지막 머핀 묶음이야.
B **Finished?** 끝났어?
A **Almost. Now I have to deliver them.** 거의. 이제 배달해야 해.

Are you finished? **59**

Are you **finished?**

친한 사이에서는 Finished만 써도 좋지만 처음 만나는 자리나 형식을 갖춰야 하는 자리에선 Are you finished?가 더 알맞은 표현입니다. 구체적으로 말하려면 Are you finished it?그거(그 일) 끝냈어? 라고 하고, 도구를 사용하는 경우라면 with를 써서 Are you finished with the computer?컴퓨터 다 썼어?라고 하면 됩니다.

그 컴퓨터 네가 세냈냐? 나도 좀 쓰자구

A **Are you finished with the computer?** 컴퓨터 다 썼어?

B **Yes.** 응.

A **Thanks.** 고맙다.

끝났어요. **It's finished.**
누가 먼저 끝냈습니까? **Who finished first?**
나는 아직 그거 못 끝냈어요. **I didn't finish it yet.**
이거 좀 끝내게 도와줘. **Help me finish this.**

020

How? 어떻게?

이 표현은 모르는 사람이 없을 정도로 많이 쓰는 말이지만 발음을 보면 한국사람과 네이티브의 차이가 아주 큽니다. 영어 발음은 입을 크게 벌리고 강세와 억양을 주는 것이 중요합니다. 오디오 파일을 주의깊게 듣고 네이티브 발음을 따라해보세요. How라는 짧은 한마디도 제대로 발음하면 훨씬 멋있게 들리니까요. "(어떻게) 고쳐?" "(어떻게) 가?" "(어떻게) 작동시켜?" 등 많은 표현을 How 하나로 끝낼 수 있으니 외워 둘 만 하죠?

종이학 접기 왜 이리 어려워? 999마리 남았는데!

A **How?** 어떻게 하는 거야?

B **(You do it) Like this.** 이렇게 (해).

A **We can still make it in time.** 우리 그래도 아직은 정시에 도착할 수 있어.
B **How?** 어떻게?
A **We'll take the helicopter.** 헬리콥터를 탈 거야.

How do you do?

인사말로 잘 알고 있는 How do you do?와 같은 형태로 "너 이거 어떻게 해?"라는 질문을 할 수 있습니다. How do you 다음에 상황에 맞는 동사를 쓰는 거죠. "저거 어떻게 하는 거야?"는 How do you do that? "그거 어떻게 고쳤어?"는 How do you fix it? "그 여자 어떻게 만났어?"는 과거형을 써서 How did you meet her?라고 하면 됩니다.

고장 난 텔레비전은 맞아야 정신 차려

A **How do you fix this?** 이거 어떻게 고쳐?

B **Just hit the side.** 옆을 때리면 돼.

A **Thanks.** 고마워.

이거 어때요? **How is this?**
그 도서관에 어떻게 가죠? **How do you get to the library?**
절 어떻게 찾으셨어요? **How did you find me?**
이거 좋아해요? **How do you like this?**

Interested?
관심 있어?

중고등학교 때 숙어를 배우면서 가장 먼저 익힌 것이 바로 **be interested in**이었죠? '~에 흥미있다, 관심있다' 라는 뜻이죠. "너 ~에 관심있어?"라고 물어보려면 Are you interested in~?이라고 하면 되는데요, 아주 간단하게 Interested?라고만 해도 됩니다. 사람이나 사물, 어떤 모든 종류에 대한 관심이건 다 쓸 수 있는 표현이랍니다.

그냥 같이 보자고 하지 왜 자꾸 곁눈질을 하는 거야?

A **Interested?** 관심 있어?

B **Yes.** 응.

A **I have two tickets to the opera. Interested?**
나 오페라 티켓 두 장 있는데. 관심 있어?
B **No, thanks. I don't like the opera.** 고맙지만 사양할래. 난 오페라 안 좋아해.
A **You're kidding! I love it.** 말도 안 돼! 난 오페라 정말 좋아하는데.

★ Are you **interested** in her?

어제 소개팅한 친구를 처음 만나면 제일 먼저 하게 되는 말이 "그 남자 어땠어?" "그 여자 어땠어?"죠. 간단하게 Are you interested in him? 또는 Are you interested in her?라고 하면 됩니다. 대답은 어떻게 하냐구요? 아주 좋았으면 Fantastic, 그냥 그랬으면 So so, 완전 폭탄이었으면 Terrible이라고 답하면 됩니다.

A Are you interested in going to the mall today?
오늘 쇼핑몰에 가는 거 어때?

B Yes. 그래.

A Okay. Let's go after lunch. 좋아. 점심 먹고 가자.

스포츠에 관심 있으세요? **Are you interested in sports?**

저랑 식사하는 거 어때요? **Are you interested in having dinner with me?**

일자리를 찾는 데 관심 있어? **Are you interested in getting a job?**

이거 해보는 게 어때요? **Are you interested in trying this?**

022

Okay? 좋아?

영어에서 가장 많이 쓰는 표현이라고 해도 시비 걸 사람이 없을 표현이 바로 Okay입니다. 우리 한국 사람들도 Okay만큼은 부담없이 자신있게 쓰고 있는 것 같더군요. 별거 아닌 표현이라고 무시하지 말고 적절한 상황에서 자주 써 보세요. 영어에 자신감이 생긴답니다.

팔찌 끼고 귀걸이 하고 데이트 준비 완료!

A **Okay?** 좋아?

B **Okay! That's what I want.** 오케이! 그게 내가 원하던 거야.

A **I'm inviting Greg to join us. Okay?** 그렉을 초대할 생각이야. 괜찮지?
B **Okay. He's kind of loud, though.** 그래. 그런데 걔 좀 시끄럽던데.
A **Are you sure it's okay?** 정말 괜찮은 거야?

Is it okay if we go now?

어떤 일을 하는 게 괜찮은지 정확하게 물어보려면 Is it okay if 다음에 문장을 써주면 됩니다. 애매한 일은 허락을 확실히 받아놓는 게 나중에 뒤탈이 없는 법이죠. 독불장군이라는 소리를 듣지 않기 위해서라도 남의 의견을 꼭 물어보세요. 오케이?

한 시간 전부터 그 말을 기다렸다구요

A **Is it okay if we go now?** 우리 지금 가도 되나요?

B **Yes. It's okay.** 네. 괜찮아요.

A **Thanks. See you later!** 고마워요. 다음에 봐요!

우리가 쇼핑몰에 가도 괜찮겠어요? **Is it okay if we go to the mall?**

내가 이거 먹어도 괜찮겠어? **Is it okay if I eat this?**

제가 가지 않아도 될까요? **Is it okay if I don't go?**

당신 괜찮아요? **Are you okay?**

Surprised? 놀랐어?

023

미국 영화에서 생일파티를 할 때 불을 꺼놓고 숨어 있다가 생일인 사람이 들어오면 폭죽을 터뜨리면서 Surprise!라고 외치는 장면을 많이 볼 수 있죠. 이런 파티를 Surpirse Party깜짝 파티라고 합니다. 이때 Surprise를 약간 바꿔서 Surprised?라고 하면 "놀랐어?"라는 뜻이 됩니다.

전 한가인이 미혼 이라고 굳게 믿고 있었다고요

A She's married? 그 여자분 결혼했어요?
B Yes. Surprised? 물론이죠. 놀랐어요?

A **Wow! Someone cleaned my house!** 와! 누가 집을 청소해놨네!
B **Surprised? We worked all day.** 놀랐죠? 우리가 하루 종일 청소했어요!
A **You kids are terrific!** 요 녀석들 끝내주는데!

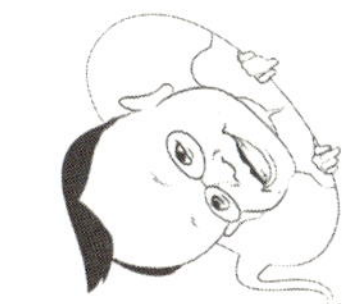

Are you **surprised** that I'm here?

Surpirsed?는 사실 Are you surprised?를 줄인 말입니다. 구체적으로 무엇 때문에 놀랐는지 알려주고 싶으면 Are you surprised that을 쓰고 뒤에 내용을 밝혀주세요. "내가 와서 놀랐어요?"는 Are you surprised that I'm here?라고 하는 거죠. surprised의 [ㄷ] 발음과 that의 [ㄷ+ㅆ]발음(일명 뻗데기 발음)은 자연스럽게 연결해서 발음하기 힘드니까 오디오 파일을 잘 따라해보세요.

A **Are you surprised that it happened?**

이런 일이 일어나서 놀라셨나요?

B **Yes. I didn't expect it.** 그럼요. 전혀 기대 안 했거든요.

제가 전화 걸어서 놀랐나요? **Are you surprised that I called?**
우리가 이겨서 놀랐어요? **Are you surprised that we won?**
오늘 시험이 있다고 해서 놀랐어요? **Are you surprised that there's a test today?**
오늘이 금요일이라서 놀랐어요? **Are you surprised that this is Friday?**

024

What? 뭐?

⭐ What도 많이들 알고 있는 표현이죠. 일반적으로 쓰이는 '무엇'이란 의미 외에 기분 나쁜 상황이나 어이없는 상황에서 한마디 던질 때도 씁니다. 한마디로 말해 "뜨악!" 하는 상황이라고나 할까요. 이럴 때는 억양과 표정도 살짝 오버해서 말해야 전달이 잘된답니다.

약 올리지 말고 그냥 말해!

A **Guess what!** 맞혀봐!

B **What?** 뭘?

A **Jim and Carissa broke up.** 짐과 캐리사가 헤어졌대.
B **What? I thought they were engaged.**
뭐? 난 걔들이 약혼했다고 생각했는데.
A **They were. She caught him with another woman.**
그랬었지. 클라리사가 짐이 다른 여자와 함께 있는 걸 잡았대.

What did you do?

무슨 행동을 했는지 자세히 묻고 싶을 때는 What did you 다음에 적절한 동사를 넣어주세요. "어제 뭐했니?"는 What did you do yesterday?라고 하면 되는 거죠. "지난 주말에 뭐했냐?"라고 묻고 싶으면 yesterday 대신 last weekend, 오늘 아침이면 this morning 같은 표현으로 바꿔 쓰면 됩니다.

어제 전화 안 받던데 딴 남자 만난 거 아냐?

A **What did you do yesterday?** 어제 뭐했어?

B **I went shopping.** 쇼핑 갔었어.

뭘 원했어요? **What did you want?**
뭘 찾았나요? **What did you find?**
가장 좋아하는 게 뭐였어요? **What did you like best?**
뭘 봤나요? **What did you see?**

025

When? 언제?

How나 What처럼 자주 쓰이는 의문사 표현입니다. 시간이나 때를 나타낼 때 쓴다는 거 다들 아시죠? 친구가 결혼한다는 소식을 전하면 언제 결혼하냐고 물어보고 싶을 텐데요, What... day... month... ume... wedding... 하면서 애써 문장을 만든다고 고민하지 말고 When? 하나로 해결하자구요.

드디어 소녀시대 컴백하는구나. 가요 프로 봐야지

A **When?** 언제 해?

B **Eight o'clock.** 8시.

A **Pam had a car accident.** 팸이 자동차 사고가 났대.
B **Oh no! When?** 아이고, 저런! 언제?
A **Yesterday. She's okay.** 어제. 팸은 괜찮아.

When is the test? **71**

When is the test?

어떤 일이 언제인지 구체적으로 물어보려면 〈When+동사+어떤 일〉 형태를 활용하면 됩니다. "시험이 언제야?"는 When is the test? "네 생일은 언제야?"는 When is your birthday?라고 하면 되겠죠.

파티는 늦게 가면 재미 없어요

A **When is the party?** 파티는 언제야?
B **It's at eight thirty tonight.** 오늘 밤 8시 30분.

너 집에 언제 가? **When are you going home?**
그 농구 경기는 언제야? **When is the basketball game?**
너 언제 와? **When are you coming?**
우리 언제 떠나? **When are we leaving?**

026

Where? 어디서?

의문사 하나로 해결하는 질문 시리즈가 계속되고 있는데요, 이번에는 장소를 물을 때 쓰는 Where차례입니다. "어디서?" "어디에?"라고 물을 때 쓸 수 있죠. 참고로 아래 대화에서 '우리 집'이라고 말할 때 my place라고 했는데 실제로 my home보다 이 표현이 더 많이 쓰인답니다.

오늘 밤에 왁자지껄 놀아 보자구

A **Where?** 어디서?

B **At my place.** 우리 집에서.

A **Our family gathering will be in August.** 가족모임이 8월에 있을 예정이야.
B **Where?** 어디에서?
A **We're meeting in Ohio this year.** 올해는 오하이오에서 만날 거야.

★ **Where** **is he?**

구체적으로 사람이나 사물이 어디에 있는지 궁금하면 Where is he?그는 어디에 있어? Where are you?넌 어디에 있어?처럼 Where is나 Where are 뒤에 사람이나 사물을 넣으면 됩니다. is 다음에는 한 개의 사람이나 물건이, **are** 다음에는 여러 개의 사람이나 물건이 온다는 거 알아두시구요. 막상 말로 하려면 잘 안 나오니까 입에 익을 수 있도록 여러 번 되풀이해주세요.

만날 우리 집이냐? 너도 파티 한번 열어보는 게 어때?

A **Where is the party?** 파티는 어디서 해?

B **Isn't it at your place?** 너희 집 아니었어?

A **No. It's not.** 아니. 그렇지 않아.

열쇠 어디에 있어? **Where are the keys?**
식당이 어디에 있나요? **Where is the restaurant?**
다들 어디 있어? **Where is everyone?**
내 책들은 어디에 있지? **Where are my books?**

Who? 누구야?

027

의문사 질문 시리즈의 일곱 번째 선수는 Who입니다. 사람에 대해 물을 때 쓰는 의문사라는 건 알 거예요. 그래서 가족관계를 물을 때도 많이 쓰이죠. 네이티브는 그냥 my sister나 my brother라고 말하지, 언니인지 동생인지 형인지 누나인지는 따지지 않는다는 거 알아두세요. 처음 만난 사이에도 스스럼 없이 사적인 질문을 하는 우리 입장에서는 좀 답답하죠?

오모나, 사진 속 이 미남은 누구라니?

A **Who?** 누구야?

B **My brother.** 내 남자형제.

A **Guess who I saw buying lingerie?** 내가 누가 여자 속옷을 사는 걸 봤게?
B **Who?** 누군데?
A **Carl.** 칼이야.

Who is that girl?

'이것' '저것' 이란 뜻을 가진 this, that은 사람을 가리킬 때도 쓸 수 있습니다. that girl, this guy라고 하면 '저 여자' '이 남자' 가 되는 거죠. 따라서 Who is that girl?은 "저 여자분은 누구야?" Who is this guy? 하면 "이 남자분은 누구야?"라는 뜻을 나타낼 수 있습니다. 물론 당사자 앞에서 대놓고 물어보는 건 실례겠죠?

A **Who is that girl?** 저 여자 누구야?

B **That's my cousin.** 우리 사촌.

저 남자는 누구야? **Who is that man?**
저 사람은 누구야? **Who is that person?**
우리 선생님이 누구셔? **Who is our teacher?**
남친이 누구야? **Who is your boyfriend?**

028

Why? 왜?

의문사로 끝내는 질문 시리즈 8탄! "왜?" "어째서?"라는 뜻을 가진 Why 입니다. 평소에 우리말을 쓸 때도 Why란 말을 잘 쓰는 편인데요, 의외로 What과 헷갈리시는 분들이 많더라구요. What은 "뭘?" "뭐라고?"란 뜻이라는 거, 혹시 까먹었으면 앞으로 다시 가서 복습하자구요.

세차한 게 그거 냐?

A **I washed the car.** 내가 세차했어.

B **Why? I already washed it.** 왜? 내가 벌써 했는데.

A **Bob sold his guitar.** 밥이 기타를 팔았대.
B **Why? He loved that thing.** 왜? 걔 그거 되게 아꼈잖아.
A **True, but he can't get a job.** 맞아, 하지만 걔가 직업을 못 구했잖아.

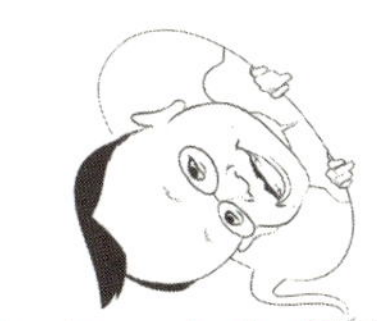

Why did you do that?

Why가 들어가는 표현 중에 가장 다양하게 써먹을 수 있는 게 바로 Why did you do that?너 왜 그런 일을 했어?입니다. '그런 일'의 범위가 넓기 때문에 어떤 상황에 써도 대개 해결이 되거든요. 좀 더 구체적으로 말하고 싶으면 do 자리에 적당한 동사를 넣으면 됩니다. "어제 너 왜 전화했어?"라고 말하고 싶으면 Why did you call yesterday?라고 하면 되겠죠.

한복 저고리 고름에 리본 모양이 웬 말이냐?

A **Why did you do it this way?** 왜 그걸 이런 식으로 했어?

B **That's the only way I know how (to do it).**
내가 아는 방법이 이것뿐이거든.

A **Oh.** 저런.

너 왜 일찍 떠났어? **Why did you leave early?**
그 남자는 왜 이걸 나한테 줬지? **Why did he give this to me?**
걔는 왜 뿔이 났어? **Why did she get mad?**
그 사람들 왜 이렇게 오래 걸린 거야? **Why did they take so long?**

78

Can I? 그래도 돼?

029

Can I eat?먹어도 돼요? Can I go?가도 돼요? 등은 모두 Can I?로 줄여서 말할 수 있습니다. "해도 돼요?" "그래도 돼요?"라고 해석할 수 있는데요, 상대방이 나에게 편의를 제공해준다거나 놀랄 만한 제안을 할 때 쓸 수 있습니다. 고맙기도 하고 놀랍기도 하고 좋기도 한 심정을 모두모두 모아 압축한 아주 쓸모있는 표현이랍니다.

이번 연극에서 줄리엣을 한다고?

A **Can I?** 내가 해도 돼?

B **Yes.** 응.

A **You're welcome to stay another week.** 한 주 더 머무르는 것도 환영이에요.
B **Can I? That would be fantastic.** 제가 그래도 되나요? 그럼 정말 멋질 거예요.
A **Sure!** 물론이죠!

Can I have this?

앞에서도 말했듯이 Can I 뒤에 있던 원래 동사를 살려 구체적으로 말할 수도 있습니다. 특히 Can I have~?로 쓸 때는 '~을 가져도 되나요?'라는 뜻일 수도 있지만 '~을 먹어도 되나요?' 라는 뜻일 수도 있다는 점 알아두세요. Can I have this?라고 하면 "이거 가져"라는 뜻이기도 하지만, 앞에 있는 것이 음식일 경우에는 "먹어도 되나요?"라는 뜻이 될 수도 있거든요.

A **Can I have that DVD?** 나 저거 가져도 돼?

B **No, but you can have this one.** 저건 안 되고 이건 가져도 돼.

제가 좀 더 가져도 되나요? **Can I have some more?**
하늘색으로 가져도 되나요? **Can I have the blue one?**
돈 좀 주실래요? **Can I have some money?**
전화번호가 뭐야? **Can I have your phone number?**

030

Don't you? 안 그래?

Don't you에는 두 가지 쓰임새가 있습니다. 하나는 흔히 부가의문문이라고 말하는 경우인데요, 특별한 뜻이 있는 게 아니라 추임새처럼 쓸 때입니다. "저 스커트 예쁘다. 그치?"처럼 '그치?' '맞지?' '안 그래?' 로 쓰이는 경우죠. 다른 하나는 "나는 이런데, 너는 어때?"라는 의미로 쓸 땐데요. 이때는 구체적인 의견을 말해주어야 한답니다.

내 여친은 꼭 나한테 분홍색을 입히려고 한다니까

A I like this shirt. Don't you? 난 이 셔츠가 좋은데. 넌 어때?

B No. I don't care for it. 난 별로.

A **Everyone loves Alex. Don't you?** 모두들 알렉스를 사랑해. 그렇지 않아?
B **Yes, but he does like to argue.** 맞아, 하지만 걔는 언쟁하는 걸 좋아하지.
A **True, although he thinks it's fun.**
맞아, 개는 그게 장난이라고 생각하겠지만 말이야.

Don't you agree that this is terrible? **81**

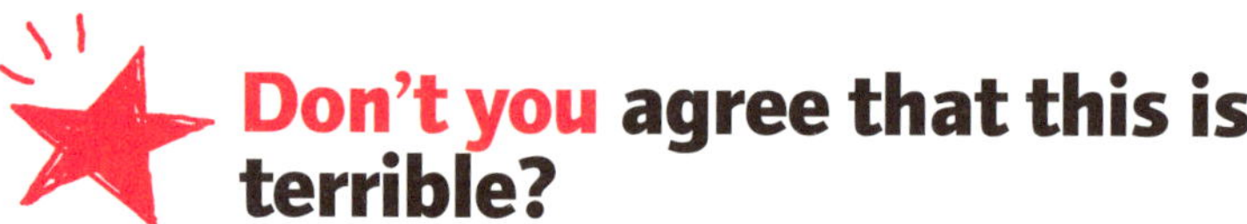 Don't you agree that this is terrible?

Don't you가 들어가는 표현 중에 Don't you agree that~을 소개하려고 합니다. 이 표현은 "~에 동의하지 않습니까?"라는 뜻으로 회의나 토론을 할 때도 많이 쓰죠. that 다음에는 문장이 나오는데, Don't you agree that this is terrible?은 "이게 잘못됐다는 것에 동의하지 않습니까?"라는 뜻이 됩니다. 여기서 "동의합니다"는 Yes, I do. "동의하지 않습니다"는 No, I don't.라는 거 잊지 마세요.

이 밥솥에다 밥을 하면 떡이 됩니다

A **Don't you agree that this needs fixing?**
이거 고쳐야 한다는 거 동의하지 않아?

B **Yes.** 동의하지.

우리에게 새 차가 필요하다는 것에 동의하지 않아? **Don't you agree that we need a new car?**
우리가 이사해야 한다는 것에 동의하지 않아요? **Don't you agree that we should move?**
이게 좋은 아이디어라고 생각하지 않아? **Don't you agree that this is a good idea?**
그거 너무 비싸다고 생각하지 않습니까? **Don't you agree that it is too expensive?**

031

How much?

얼마죠?

아마 해외여행 가서 제일 많이 쓰는 말이 How much일 겁니다. 우리나라에 오는 외국 관광객들도 마찬가지구요. How much is it?그거 얼마예요? How much are these shoes?이 구두 얼마예요?처럼 제대로 된 문장을 쓰면 더 좋겠지만 어떤 물건을 말하는지 서로 알고 있을 때는 How much만 써도 충분히 통합니다.

이 스키니 진 라인이 멋진데?

A **How much?** 얼마예요?

B **(It costs) Thirty-seven dollars.** 37달러예요.

A **There isn't a lot of vodka left.** 보드카가 별로 안 남았네.
B **How much do you think we need?** 얼마나 필요하다고 생각해?
A **Three more bottles.** 세 병은 더 있어야겠는걸.

How much is it?

손가락으로 물건을 가리키며 말하기엔 거리가 멀거나 영어 내공이 좀 쌓여서 멋있게 말하고 싶으면 it 대신에 물건 이름을 넣어보세요. 좀 더 정확한 의사소통이 될 수 있습니다. How mush is this hat?이 모자 얼마예요? How much are those sun glasses?저 선글라스는 얼마예요? 처럼 말이죠.

A **How much do you want?** 얼마나 원하세요?
B **That's enough.** 그거면 됩니다.

얼마죠? **How much does it cost?**
시간이 얼마나 남았나요? **How much time is left?**
얼마나 만들어야 하나요? **How much should I make?**
그 사람에게 돈을 얼마나 줘야 합니까? **How much money should I give him?**

032

Too spicy? 너무 매워?

외국 친구들에게 한국 음식을 소개할 때 가장 걱정되는 게 맵지 않을까 하는 거죠. 사실 태국 음식이나 멕시코 음식도 한국 음식 못지않게 매운데도 유독 한국 음식이 맵다는 이미지가 강한 것 같아요. 그래도 한국에 왔으면 김치나 낙지볶음, 떡볶이 같은 건 먹어봐야 하지 않겠어요? 외국 친구에게 이런 음식을 먹이고 나서 걱정되면 "Too spicy?" 하고 물어보세요. 의외로 잘 먹는 친구들도 있더라구요.

근심 걱정 을 잊 으 려면 매운 게 최고

A **Too spicy?** 너무 맵지?

B **Yes!** 응!

A **AAAAAGGH! It burns my throat!** 으악! 목이 타들어가는 거 같아!
B **Too spicy?** 너무 매워?
A **Maybe a little.** 조금 그런 것 같아.

Is the food **too spicy?**

어떤 음식이 매운지 구체적으로 물어보려면 Is the food too spicy?그 음식 매워요?라고 말하면 됩니다. 이렇게 하면 안 먹어본 음식에 대해서도 정보를 얻을 수 있겠죠. food 자리에 다른 음식 이름을 넣어도 됩니다. "김치 매워요?"라고 물으려면 Is Kimchi too spicy?라고 하면 되구요 "그 수프 매워요?"는 Is the soup too spicy?라고 하면 되겠죠.

A Is the food too spicy? 그 음식 너무 맵지?

B Maybe just a little bit (too spicy). 조금 맵네.

그 칠리 너무 맵지? **Is the chili too spicy?**

그 스파게티 너무 맵죠? **Is the spaghetti too spicy?**

찍어 먹는 소스가 너무 맵죠? **Is the dip too spicy?**

그거 너무 맵지? **Is it too spicy?**

033

What's wrong?

뭐가 문제야?

wrong은 뭔가 잘못됐다거나 틀렸다는 뜻의 형용사죠. 이 단어로 감정을 나타낼 수도 있답니다. What's wrong?이라고 하면 "뭐가 틀렸는데? 내가 뭐!" 이런 뜻이거든요. 누군가와 얘기를 하다가 상대방이 What's wrong? 하고 말하면, 상대가 이미 열 받은 상태이거나 열을 받고 있다는 뜻이니까 빡빡 우기지 말고 납작 엎드리자구요.

시험장 문 앞까지 와서 왜 갑자기 돌아서는 거야?

A **What's wrong?** 뭐 잘못됐어?

B **I'm not ready for my test.** 나 시험 준비가 안 됐어.

A **You're crying. What's wrong?** 너 울고 있잖아. 왜 그래?
B **Luis and I had a fight.** 루이스랑 싸웠어.
A **Tell me what happened.** 어떻게 된 일인지 말해봐.

What's wrong with it?

What's wrong?이 단순히 뭐가 잘못됐는지 물으면서 감정표현을 했다면 What's wrong with it?은 구체적인 일에 대해 물어보는 표현입니다. with 뒤에 구체적인 사건을 넣어서 이렇게 말하는 거죠. What's wrong with your new shoes?네 새 구두에 뭔 일 생겼어?

앗, 교수님 죄송합니다

A **What's wrong with this answer?** 이 답변이 뭐가 문제죠?

B **You misspelled this word.** 스펠링이 틀렸어.

A **Oh. Thank you.** 아, 감사합니다.

그 차 뭐가 문제죠? **What's wrong with the car?**

그 TV가 왜 그래요? **What's wrong with the television?**

이 휴대폰이 뭐가 문제인 거죠? **What's wrong with this cell phone?**

이 문장이 어때서요? **What's wrong with this sentence?**

앞에서 배운 핵심표현과 대화를 떠올려보세요.

019 A **Finished?**
B 아니 아직.

020 A **How?**
B 이렇게 해.

021 A **Interested?**
B 응.

022 A **Okay?**
B 좋아.

023 A 그 여자분 결혼했어요?
B **Yes, surprised?**

024 A 맞혀봐.
B **What?**

025 A **When?**
B 8시.

026 A **Where?**
B 우리집에서.

027 A **Who?**
B 내 남동생.

028 A 내가 세차했어.
B **Why?**

029 A **Can I?**
B 응.

030 A **I like this shirt. Don't you?**
B 난 별로.

031 A **How much ?**
B 37달러예요.

032 A **Too spicy?**
B 응.

033 A **What's wrong?**
B 난 시험 준비가 안 됐어.

영어 박사 닥터 백,
동남아 영어에 굴욕당하다

제가 미국에서 대학을 다니던 시절이었습니다. 대학 1학년 때 학교 호텔에서 간단한 음식을 만드는 아르바이트를 했죠. 새벽 5시부터 오전 9시까지 인도에서 온 학생, 중국에서 온 학생이랑 함께 일했는데 저도 미국에 간 지 얼마 되지 않았을 때라 뭐가 뭔지 잘 몰라서 어리버리했고 그 애들 역시 저 못지않았죠. 그래도 전 나름 중고등학교 때부터 영어로는 2등이라고 하면 서러워할 정도로 자신이 있었습니다. 그래서 그 친구들이 하는 영어를 듣고는 발음이 어쩜 저렇게 이상할 수가 있을까 말할 때 억양도 참 하나 같네, 하면서 은근히 그 아이들을 무시하곤 했습니다.

그런데 참 이상했던 건 미국인 매니저가 정확한(?) 내 발음은 못 알아듣겠다고 번번히 써보라고 하는 반면에, 인도 친구와 중국 친구가 하는 요상한 발음과 억양은 정확하게 알아듣는 것이었습니다. 우째 이런 일이!

알고 보니 인도 친구는 인도식 발음과 억양이긴 해도 문법적으로 정확한 영어를 구사하고 있었고, 중국 친구도 친글리시라고 불리는 중국인 특유의 독특한 영어이긴 했지만 정확한 발음과 억양, 문법으로 말하고 있었더라구요. 반면에 저는 우리 한국인의 고질적인 영어병인 발음, 억양, 문법 문제를 골고루 가지고 있었던 거죠. 그 중에서도 가장 큰 문제는 내가 맞다고 생각하면서 친구들의 조언을 전혀 듣지 않았던 뚝심(?)이었다고 할까요. 지금도 한국인 친구들과 TV나 영화를 보다가 인도인이 영어를 하는 장면이 나오면 친구들이 발음이 우스꽝스럽다고 웃는데, 그럴 때마다 그때 기억을 떠올리게 됩니다.

당시 제 자존심은 땅에 떨어지다 못해 땅 속까지 파고 들어갔지만, 덕분에 그 후로는 항상 배우는 자세로 영어를 접하게 되었답니다. 그런 굴욕이 없었다면 제 영어실력은 여전히 제자리걸음이 아니었을까 싶네요. 여러분 중에서도 영어 좀 한다고 자신하는 분들이 있을텐데요, 내가 제일이라는 생각은 절대로 금물입니다. 장소에 따라 시간에 따라 상황에 따라 문화에 따라 늘 변화하는 게 바로 언어입니다. 늘 궁금해하고 배우는 자세가 영어고수로 가는 유일한 길이란 점 잊지 마세요.

From 닥터 백

PART ★ 3

원하는 것 부탁하기

네모 안에 가장 정확하고 간결한 표현을 넣어 부탁을 해보세요.

034 A [　　　　　　　　　] 하지 마!
　　 B They told me to do this.

035 A [　　　　　　　　　] 먹어.
　　 B I'm not hungry.

036 A I don't know the answer.
　　 B [　　　　　　　　　] 맞혀봐!

037 A [　　　　　　　　　] 도와주세요!
　　 B Hold on! We're coming!

038 A [　　　　　　　　　] 들어봐!
　　 B What is it?

039 A [　　　　　　　　　] 봐!
　　 B What is it?

040 A Is that enough?
　　 B [　　　　　　　　　] 좀 더요.

041 A Would you like more?
　　 B [　　　　　　　　　] 그래주시면 고맙죠.

042 A [　　　　　　　　　] 조용히 좀 합시다.
　　 B Sorry.

043 A [　　　　　　　　　] 기억해.
　　 B I will.

044 A This is good.
B [   ] 그만 먹어!

045 A I can't remember where I put my passport!
B [   ] 생각해봐.

046 A Good-bye.
B [   ] 기다려!

047 A [   ] 나한테 전화해.
B Okay. I will.

048 A I'll call you.
B [   ] 잊지 마!

049 A [   ] 그거 돌려줘.
B Okay.

050 A [   ] 먼저 하세요.
B No. I'll wait for you.

051 A What should I do with this notebook computer?
B [   ] 그냥 내버려 둬.

052 A It's raining.
B [   ] 또 오면 안 돼!

053 A What should I do with this money?
B [   ] 보관해둬.

054 A I know how to play cards.
B [   ] 나한테 보여줘봐.

055 A Can I have this book?
B [   ] 가져.

056 A I have a secret.
B [   ] 나한테 말해봐.

057 A [   ] 조심해!
B Thanks!

058 A [   ] 나한테 편지 써.
B I will.

058 A Can we go to the mall?
B [   ] 그래 한번 보자.

034

Don't! 하지 마

Don't는 Do not을 줄인 표현으로 누군가에게 강하게 "하지 마!"라고 말할 때 쓸 수 있습니다. 이때 발음이 중요한데요, [도운트]라고 정직하게 발음하지 말고 [도운ㅌ]처럼 [ㅌ] 소리가 거의 나지 않게 해야 네이티브가 잘 알아듣는답니다. 특히 미국인들은 t발음을 잘 하지 않거든요. 아이들에게는 가능하면 Don't! 라는 말 대신 Good!잘했어! Try!한번 해봐! 같은 긍정적인 말을 쓰는 게 정서발달에 좋다고 하네요.

앗, 그거 손대면 안 되는데!

A **Don't!** 하지 마!

B **They told me to do this.** 걔들이 나보고 하라고 했어.

A **We have to leave.** 우린 떠나야 해.
B **Don't!** 가지 마!
A **We have to, it's late.** 가야 돼. 늦었어.

Don't do that!

Don't 다음에 동사를 넣어서 구체적으로 무엇을 하지 말라는 것인지 표현할 수 있습니다. "먹지 마" "울지 마!" "가지 마"는 Don't eat! Don't cry! Don't go!로 쓸 수 있죠. 뮤지컬 〈에비타(Evita)〉에도 「Don't cry for me Argentina!나를 위해 울지 말아요, 아르헨티나여!」라는 유명한 노래가 나오죠. Please don't go baby.제발 가지 말아요, 그대여. 같은 표현은 사랑을 노래하는 팝송에 단골로 나오는 표현이구요.

초등학교 1학년을 가르치는 건 너무 어려워

A **Don't do that!** 그거 하지 마!

B **I wasn't doing anything.** 저 아무것도 하지 않았어요.

A **Well, be quiet.** 그럼, 조용히 있어.

나 좀 귀찮게 하지 마! **Don't bother me!**
낯선 사람들에게 말 걸지 마라. **Don't talk to strangers.**
거기에 들어가지 마세요. **Don't go in there.**
바보같이 굴지 말라구. **Don't be silly.**

035

Eat 먹어

제가 워낙 먹는 걸 좋아해서인지 "이것 좀 드세요" "이거 먹어" 같은 말을 들을 때가 가장 행복하답니다. 물론 그 음식이 맛있어야겠지만요. 이렇게 음식을 권할 때는 간단하게 Eat이라고 말할 수 있습니다. 미국에 있을 때 3년간 이탈리아 출신 주방장 밑에서 피자 만드는 걸 배운 적이 있었는데, 그때 먹던 피자맛을 아직도 잊을 수가 없네요. 얇고 바삭한 데다 쫄깃거리기까지한 환상적인 맛이란!

앗, 혼자 먹을려고 했는데 딱걸렸다

A **Eat.** 먹어봐.

B **I'm not hungry.** 배 안 고픈데.

A **But mom, I'm not hungry!** 그렇지만 엄마, 나 배 안 고파요!

B **You need something in your stomach. Eat.**
그래도 뭘 먹어야 배가 든든하지. 먹어.

A **What if I just eat my carrots?** 저 그냥 당근만 먹으면 안 될까요?

Eat this cookie.

무엇을 먹으라고 구체적으로 권하려면 Eat 다음에 음식 이름을 넣으면 됩니다. Eat this cookie. Eat this food. Eat this snack. 처럼 말이죠. 쉽죠? 간혹 foods라고 복수형을 쓰는 사람들도 있는데 food는 항상 단수형 food라고만 쓴다는 거 기억해두세요.

너 좀 먹고 쪄야겠다

A **Eat this cookie.** 이 쿠키 먹어.

B **I had two (cookies) already.** 난 벌써 두 개나 먹었어.

A **Have another one.** 하나 더 먹어.

뭘 좀 먹어. **Eat something.**
자 먹자! **Let's eat!**
우리 뭘 좀 먹읍시다. **Let's have something to eat.**
좀 더 드세요. **Eat some more.**

036

Guess! 맞혀봐

Guess라고 하면 청바지 브랜드를 떠올릴 사람도 있을 텐데요, Guess 청바지의 심볼이 뭔지 아시나요? 거꾸로 된 삼각형 안에 빨간 물음표가 있는 모양이었죠. Guess!는 '맞혀봐!' '상상해봐!' '추측해봐!' 라는 뜻이니 물음표랑 잘 어울네요. 영어로 수수께끼를 낼 때 많이 쓰는 표현이기도 합니다.

오르겠다는데 뭘 자꾸 맞혀 보라는 거야

A **I don't know the answer.** 난 답을 모르겠는데.

B **Guess!** 맞혀봐!

A **I have some great news about my job.** 내 일과 관련해서 좋은 소식이 있어.
B **Yeah? What's happening?** 그래? 뭔데?
A **Guess!** 맞혀봐!

Guess what!

Guess what은 이 자체만으로도 아주 훌륭한 표현입니다. 완전한 문장을 Guess what I did.내가 뭘 했는지 맞혀봐. 지만요. "내가 뭘 찾았는지 맞혀봐"는 Guess what I did.라고 할 수 있어요. 맞혀보라는 건 이미 일어난 일에 대한 거니까 뒤에 붙는 동사는 과거형을 써야겠죠. 또 상황에 따라 의문사를 바꿔서 Guess who?누군지 맞혀봐.로도 쓸 수 있답니다.

A Guess what I did! 제가 뭘 했는지 맞혀보세요!

B What? 뭘 했는데요?

A I bought a new car! 새 차를 샀어요!

생일날 뭘 받았는지 맞혀봐! **Guess what I got for my birthday!**
내가 방금 뭘 봤는지 맞혀봐! **Guess what I just saw!**
당신을 위해 뭘 준비했는지 맞혀보세요! **Guess what I got for you!**
내가 방금 뭘 들었는지 맞혀봐요! **Guess what I just heard!**

037

Help! 도와줘

Help 역시 전 세계 사람들이 다 알 만한 표현입니다. 위급한 상황에서 도움을 요청할 때 쓰는 말이죠. 그러나 발음을 정확하게 해야 네이티브가 알아듣습니다. 정직하게 [헬프]가 아니라 첫 소리에 강세를 빡 주고 [해을프]라고 발음해야 목숨을 부지할 수 있으니 열심히하세요.

이삿짐 나르다가 발등 찍기 일보 직전

A **Help!** 도와주세요!

B **Hold on! We're coming!** 잠깐만요! 가고 있습니다!

A **Help! This is too heavy!** 도와줘! 이거 너무 무거워!
B **Why did you try to carry so much?** 왜 이렇게 많이 들려고 한 거야?
A **I thought I was strong enough.** 이 정도 힘은 되는 줄 알았어.

Help me!

Help와 거의 같은 뜻이지만 Help me 다음에는 동사를 넣어서 ‘내가 ~ 를 하는 걸 도와줘’ 와 같이 좀 더 구체적인 부탁을 할 수 있습니다. “내가 이거 옮기게 도와줘” 하면 Help me carry this.라고 하면 되죠.

A **Hey!** 저기요!

B **What?** 뭐요?

A **Help me carry this!** 이것 좀 들어주세요.

절 좀 도와주시겠어요? **Can you help me?**

누가 도와주고 있나요? **Have you been helped?**

나 좀 도와줘. **I need some help.**

그분들이 제가 이걸 끝내도록 도와주셨어요. **They helped me finish.**

038

Listen! 들어봐

Listen and repeat! 중고등학교 영어시간에 많이 듣던 말이죠? 영어선생님께서 이 말을 하고 본문을 읽으시면 한 문장씩 따라하곤 했을 겁니다. 영화 〈드림 걸즈(Dream Girls)〉에서 비욘세가 「Listen」이라는 멋진 노래를 부르기도 했었죠. 극 중에서 가수로서 한발 성장하려고 하는 비욘세에게 참 잘 어울리는 제목이네요. Listen을 발음할 때는 딱 부러지게 짧게 해주는 게 포인트랍니다.

녹음 하다가 귀신 소리 들으면 음반 대박 난대!

A **Listen!** 들어봐!

B **What is it?** 뭐지?

A **Listen! Someone's coming!** 들어봐! 누가 오고 있어!

B **I knew we'd get caught.** 우리 잡힐 줄 알고 있었어.

A **We're not caught yet. Open the safe.** 우리 아직 안 잡혔다고. 빨리 금고를 열어.

Listen to me.

무엇을 들으라는 건지 구체적으로 말하고 싶으면 Listen to 다음에 사람이나 들리는 대상을 써주면 됩니다. "내 말을 들어봐"는 Listen to me. "이것 좀 들어봐"는 Listen to this.라고 하죠. 앞에서도 언급했지만 Listen to~라는 표현은 노래 가사에 참 많이 나옵니다. 아시아의 별 보아양도 「Listen to My Heart내 마음에 귀 기울여봐」라는 노래를 부른 적이 있죠.

머라이어 캐리의 목소리는 환상적이야

A **Listen to that voice!** 저 목소리를 들어봐!

B **I like her singing, too.** 저도 그녀의 노래가 좋아요.

이 얘기를 들어봐! **Listen to this article!**
걔가 말하는 걸 들어봐! **Listen to what he says!**
너희 선생님 말씀을 잘 들어라! **Listen to your teacher!**
엄마 말씀 잘 들어! **Listen to your mom!**

039

Look! 봐!

Look은 두 가지 상황에서 씁니다. 하나는 말 그대로 뭔가를 '한번 보라' 는 의미, 다른 하나는 '생각해보라' 는 의미로 쓰는 거죠. 상황에 따라 그 뜻이 달라지니까 '뭐 보여주지도 않으면서 자꾸 보래?' 라고 생각하지 말고 Look!이라고 말하면 '아, 생각해보라는 거구나' 하고 알아차리자구요.

우왓, 방금 지나간 사람 저스틴 팀버레이크 아냐?

A **Look!** 봐봐!

B **What is it?** 뭘?

A **Jim told me he saw a UFO tonight.**
짐이 어제 유에프오를 봤다고 나한테 말했어.

B **Look! There's one now!** 봐! 저기 지금 있어!

A **That's not a UFO, that's a blimp.** 저건 유에프오가 아니야, 비행기라고.

Look at me.

앞에서 배운 Listen to~처럼 Look도 뒤에 무엇을 보라고 할지 정확하게 표현하려면 Look at~으로 씁니다. "나를 봐"는 Look at me.가 되겠죠. 우리나라 민요 밀양아리랑의 가사 중에 "날 좀 보소"도 영어로 쓰면 Look at me.라고 할 수 있습니다. 사투리의 고유한 맛이 사라져서 좀 아쉽긴 하지만요.

어랏, 신기하게 생긴 동물이네

A **Look at that!** 저것 좀 봐!

B **Is it a bird?** 저거 새야?

A **No. I think it's a bat.** 아니. 박쥐 같은데.

시간 좀 봐! **Look at the time!**
네가 한 일을 좀 봐! **Look at what you did!**
제 보고서를 좀 보시죠! **Look at my paper!**
내 새 차를 보세요! **Look at my new car!**

040

More 좀더

물건을 살 때나 식당에서 많이 쓰게 되는 표현이죠. 좀 더 먹고 싶으면 괜히 내숭 떨지 말고 확실하게 말하세요. 나중에 집에 가서 후회합니다. 길게 말할 필요도 없죠. "조금만 더 주세요" 하고 싶으면 More 한마디면 충분하답니다.

손님, 배가 좀 크시군요

A **Is that enough?** 이 정도면 충분한가요?

B **No. More.** 아뇨. 좀 더요.

A **Do you like Linda more or less than Tina?**
넌 티나보다 린다가 좋아, 아니면 별로야?
B **More. She's kinder.** 린다가 더 좋아. 걔가 더 친절하거든.
A **You're right. Tina can be mean.** 맞아. 티나는 조금 심술 맞을 때도 있어.

I'd like **more** time.

More를 좀 더 격식있게 구체적으로 표현한 문장입니다. I'd like more 다음에는 time/coffee/sugar 같은 다양한 말이 올 수 있어요. "시간이 더 필요해요" "커피 좀 더주세요" "설탕이 더 있어야겠어요"라는 뜻이 되겠죠. 다짜고짜 달라고 하는 게 아니라 조금 돌려 말하는 셈이라서 우아한 표현이라 할 수 있습니다. 문장 끝에 please를 붙여서 I'd like more bread, please. 빵을 좀 더 먹고 싶어요. 라고 하면 더 공손하게 말할 수 있답니다.

시험지 붙잡고 있는다고 답이 보이겠어?

A **Are you done?** 다 됐어요?

B **No. I'd like more time.** 아니오. 시간이 좀 더 필요해요.

A **You can have five more minutes.** 5분 더 줄게요.

이건 제가 필요한 것보다 많네요. **It's more than I need.**
여기 좀 더 있습니다. **Here's some more.**
좀 더 드릴까요? **Do you want some more?**
좀 더 있나요? **Is there any more?**

041

Please 네

많이들 알고 있는 표현이지만 우리말로 딱히 해석하기도 힘들고, 우리말에서는 잘 안 쓰는 표현이라 막상 써먹으려면 왠지 어렵게 느껴질 거예요. 흔히 '제발' '부디' 로 번역하지만 자세히 살펴보면 Please에는 '그렇게 해준다면 참 고맙겠다' 는 의미가 담겨 있습니다. 미국에서는 아이에게 공손한 말버릇을 가르치기 위해 엄마가 아이에게 먹을 것을 주기 전에 Say please. 플리즈라고 말해봐. 라고 합니다. 어려서부터 Please라고 말해야 맛있는 걸 먹을 수 있다는 사실을 배우는 거죠.

스파게티 를 너무 많이 만들었나, 아직 도 남았네?

A **Would you like more?** 좀 더 드시겠어요?

B **Please.** 예, 감사합니다.

A **Can I offer you a drink?** 제가 한잔 드리겠습니다.
B **Please. How about a martini?** 네, 감사해요. 마티니가 어떨까 해요.
A **Coming right up!** 지금 바로 가져오겠습니다!

Please, give me some drink.

Please 다음에 give me / hand me / go 등과 같은 동사를 써서 원하는 것을 구체적이고도 공손하게 말할 수 있습니다. Please give me some drink.마실 것 좀 주세요. Please hand me the salt.소금 좀 주시겠어요. Please go.좀 가주세요. Please leave me alone. 날 좀 내버려둬요.처럼, 불쾌하게 들릴 수 있는 말을 please를 넣어서 부드럽게 만들 수 있죠. 여기서 부탁 하나! please를 '제발' 이라고 해석하지 마세요, 제발!

운동 후에 는 맥주 한잔 이 제격 이지만…

A **Please, give me a glass of water.** 물 한잔만 주세요.

B **Here it is.** 여기 있습니다.

A **Thank you.** 감사합니다.

저 좀 태워주시겠어요? **Would you please give me a ride?**

제가 좀 더 가져도 될까요? **May I have more, please?**

하나만 더 주세요. **I'd like another one, please.**

방향을 알려주시겠어요? **Would you please give me directions?**

042

Quiet 조용히 해

다른 사람한테 들으면 굉장히 기분 나쁜 표현입니다. 그러니 아무 때나 막 써서는 안 되겠죠? 옆에서 누군가 떠들고 있다면 Quiet 보다는 검지를 콧등에 대고 "쉿!" 해주면 바로 통한답니다. 극장이나 지하철 같은 공공장소에서는 이런 말을 듣지 않도록 서로 조심하는 게 상책이에요. 누군가에게 이 말을 들었다면 "내가 뭐? 우쒸!" 이러지 마시고 씽긋 웃으면서 Sorry! 한마디 날려주세요.

극장 안에서 통화하다니 개념은 안드로메다로 보냈나?

A **Quiet.** 조용히 좀 합시다.

B **Sorry.** 미안합니다.

A **I hate nap time.** 난 낮잠 시간이 싫어요.
B **Quiet. You'll wake the others.** 조용히 해. 다른 애들 깨우겠다.
A **I can't wait to grow up!** 빨리 어른이 되고 싶어요!

Be quiet. I'm trying to study.

뭔가를 하려고 하는데 누가 방해하네요. Quiet만으로는 성에 차지 않는 다구요? 이 경우에도 구체적으로 말할 수 있습니다. 시험기간만 되면 옆집에선 왜 그리 싸워대는지. 이럴 때는 Be quiet. I'm trying to study. 조용히 해주세요. 저 공부해야 해요. Be quiet. I'm trying to watch TV. 조용히 좀 해줘. TV 보잖아. Be quiet. I'm trying to listen to the radio. 조용히 해줘. 라디오 들을 거야. 라고 말하면 됩니다.

A **Be quiet. I'm trying to study.** 조용히 합시다. 공부 좀 하게요.

B **Okay.** 알았어요.

조용히 해. 생각 좀 하게. **Be quiet. I'm trying to think.**
조용히 하세요. 전화 좀 하게요. **Be quiet. I'm trying to talk on the telephone.**
조용. 이거 좀 듣게. **Be quiet. I'm trying to listen to this.**
조용히 하세요. 일 좀 하게요. **Be quiet. I'm trying to work.**

043

Remember 기억해

왠지 단어만 봐도 멜랑꼴리한 감정이 솟아오르지 않나요? 풋풋하던 첫사랑의 느낌, 첫 데이트의 설렘…. 그래서 노래 제목이나 가사에도 이 단어가 많이 쓰인답니다. 하지만 발음이 쉽지만은 않죠. m이 두 개 있다는 사실을 기억하고 두 번째 음절에 강세를 빡 줘서 [뤼멤버]라고 발음해야 한다는 사실, 기억하세요.

10년 뒤에 여기 와서 타임 캡슐을 열어 보는 거야

A **Remember.** 기억해.

B **I will.** 그럴게.

A **I don't know who hit me.** 누가 나를 때렸는지 모르겠어.

B **Yes, you do. Come on. Remember.** 아니야, 넌 알고 있어. 자, 어서 기억해봐.

A **What if I can't remember?** 내가 만약 기억하지 못하면?

Remember to call your mother. **115**

Remember to call your mother.

꼭 해야 하는 어떤 행동을 기억하라고 강조하고 싶으면 Remember to 다음에 알맞은 동사를 써주면 됩니다. 세상 살면서 까먹는 일이 한두 개가 아니죠? 친구에게 돈 갚기, 빌린 DVD 갖다주기, 공과금 내기…. 이제 자주 까먹는 일은 Remember to call mother. 엄마한테 잊지 말고 전화드리기. 와 같이 써서 붙여놓고 꼭 체크하세요.

엄마는 내가 외출할 때 항상 심부름을 시키죠

A **Remember to buy some bread.** 잊지 말고 빵 좀 사와.

B **I will.** 그럴게요.

학교에서 아이들 태워오는 거 기억해. **Remember to pick up the children from school.**
알람시계 맞추는 거 잊지 마. **Remember to set your alarm (clock).**
공과금 내는 거 기억하세요. **Remember to pay the bills.**
너 코트 가져오는 거 기억해라. **Remember to bring your coat.**

044

Stop! 그만!

보통 한국 사람들이 [스돕]이라고 발음하는 바로 그 표현, Stop입니다. 어쩌다가 Stop이 스돕이 됐는지는 모르겠지만, 어쨌거나 휴 그랜트의 영국식 발음 [스톱] 혹은 브래드 피트의 미국식 발음 [스탑] 둘 중 하나로 발음해야 됩니다. 위급할 때 "스돕!"을 외쳤다가 못 알아들으면 민망하잖아요?

맛만 보랬지 다 먹으랬냐

A **This is good.** 이거 아주 맛있는데.

B **Stop! That's mine!** 그만 먹어! 내 거란 말이야!

A **I'm just backing the car up.** 저는 그냥 후진하고 있어요.
B **Stop! You almost hit the mailbox!** 멈춰요! 우편함을 거의 칠 뻔했다구요.
A **Oops.** 이런.

Stop that right now!

무엇을 그만 두라고 부탁할 때는 Stop that~형태로 말할 수도 있고 Stop ~ing 형태로도 말할 수 있습니다. Stop that right now!라고 하면 "지금 당장(right now) 그걸 멈춰!"라는 뜻이죠. 학교 다닐 때 stop to smoke와 stop smoking의 차이점을 죽어라고 외운 적이 있었을 텐데요, 저의 미국 짬밥으로 볼 때는 굳이 이 두 표현을 구분할 필요는 없습니다. 주로 stop ~ing 형태로 쓰이거든요.

어딜 가나 불평하는 사람은 꼭 있지 마련

A **I never get anything!** 나는 아무것도 없어!

B **Stop that complaining!** 불평 좀 그만해!

그만해! **Stop it!**
소리 좀 그만 내라! **Stop making that noise!**
그만 때리세요! **Stop hitting that!**
나한테 더 이상 상처 주지 마! **Stop hurting me!**

Think 생각해봐

앞서 look을 배울 때 두 가지 의미가 있다고 했는데 기억나시나요? 네, '봐' 라는 뜻과 '생각해봐' 두 가지 뜻이었죠. Think는 두 번째 뜻과 비슷한데요, 특히 상대방이 무엇인가를 생각해내지 못해서 우물쭈물거릴 때 상대방을 재촉하는 표현이랍니다.

비행기가 곧 출발한다구!

A I can't remember where I put my passport!
어디에 여권을 뒀는지 기억이 안 나!

B Think! It has to be around here somewhere.
생각해봐! 이 근처 어디에 있을 거야.

A **Think about taking her on a date.** 생각해봐.
B **I don't know.** 모르겠어.
A **You'll enjoy her company.** 넌 그 사람 친구와 즐겁게 보낼 수 있을 거야.
B **I don't think I'm ready to date.** 내가 데이트할 준비가 된 건지 모르겠어.

Think about scuba diving. **119**

Think about scuba diving.

look은 at, listen은 to가 함께 쓰였죠. 그렇다면 Think 다음에는 무엇이 올까요? 바로 about입니다. 무엇에 대해 생각해본다고 할 때 Think about 다음에 명사나 대명사, ing 형태의 동사를 넣으면 됩니다. 과거의 일이든 앞으로 있을 일이든 상관없이 쓸 수 있는 표현이랍니다.

좋은 부모가 되는 방법은?

A **Think about your son's needs.**
당신 아들이 원하는 것에 대해 생각해보세요.

B **You're right.** 당신 말이 맞아요.

내일 일찍 오는 걸 고려해봐. **Think about coming in early tomorrow.**
우리의 지난 휴가에 대해 생각해봐. **Think about our last vacation.**
교회에 가는 것에 대해 생각해봐. **Think about going to church.**
파이를 좀 먹는 게 어떨지 생각해봐. **Think about having some pie.**

046

Wait! 기다려

Wait은 기다리라고 말할 때 쓰는 아주 간단한 표현입니다. 좀 더 절박하게 말하고 싶다면 Wait up이라고 쓸 수 있죠. Listen up! Wait up!에서처럼 up이 들어가면 더 절박한 느낌을 줄 수 있거든요. Eat up 역시 마찬가지예요. 남기지 말고 밥 한 톨까지 다 먹으라는 뜻이니 알고 보면 정말 절박한 표현 아니겠어요?

오늘은 꼭 내 사랑을 고백할 거야

A **Good-bye.** 잘 가.

B **Wait!** 기다려!

A **Come on, Les. It's time to go.** 어서, 레스. 이제 갈 시간이야.
B **Wait! The game's almost over!** 기다려! 게임이 거의 다 끝났단 말이야!
A **You've been saying that for two hours.** 너 지금 두 시간 동안 그 말을 하고 있어.

Wait for us!

뭘 기다리라는 건지 정확하게 짚어주려면 Wait for 다음에 사람이나 대상을 넣어주면 됩니다. "우릴 기다려줘!"는 Wait for us! "나를 기다려줘!"는 Wait for me! "그를 기다려줘!"는 Wait for him!이 되겠죠.

A **Wait for me!** 나 좀 기다려줘!

B **Do you want to go, too?** 너도 갈래?

A **Yes.** 응.

조금만 기다려! **Wait for a minute!**
나 이거만 끝내면 되니까 기다려줘! **Wait for me to finish this!**
10분만 더 기다려주세요! **Wait for another ten minutes!**
그녀가 나오는 걸 기다려! **Wait for her to come out!**

047

Call me 전화해

"나한테 전화해"라는 말을 영어로 어떻게 할까요? 아마도 '한테' 라는 단어에 너무 신경을 쓴 나머지 Call to me. 또는 Call at me. 라고 하는 사람들이 많을 거예요. 하지만 간단하게 Call me. 라고 해야 맞습니다. 90년대 초반에 한창 인기 있었던 국민요정 핑클의 노래 중에 "Call me, call me, call call give a call" 이란 가사 기억하시나요? 이 노래를 떠올리면서 꼭 기억해두세요.

나머지는 전화로 얘기 하자구

A **Call me.** 전화해.

B **Okay. I will.** 알았어. 전화할게.

A **I have to get going. Let's do this again.** 나 가야겠어. 이거 다시 하자.
B **I'd like that. Call me.** 좋아. 전화해.
A **What's your number?** 네 전화번호가 뭐지?

Call me sometime.

오랜만에 만난 친구들이 헤어질 때 항상 하는 말이 있죠. Call me sometime. 언제 전화해. 또 한 가지는 We should get together sometime next week. 우리 다음 주에 한잔 하자. 다음 주에 한잔 하자고 해놓고 정말 만나는 경우는 거의 못 봤다니까요.

하루 종일 붙어다니고도 뭐 또 할 말이 있는 거야?

A **Good-bye.** 잘 가.

B **Call me sometime tomorrow.** 내일 전화해.

A **Okay. I will.** 알았어. 그렇게.

내일 아침에 전화해. **Call me sometime tomorrow morning.**
오늘 밤에 전화해. **Call me sometime tonight.**
화요일 날 나한테 전화해. **Call me sometime (on) Tuesday.**
다음 주 중에 전화줘. **Call me sometime next week.**

048

Don't forget!

잊지 마

연락한다고 하고서는 제때 연락 안 해주는 사람, 책 빌려 가놓고는 곧 돌려 준다는 말만 한 달 내내 반복하는 사람, 이런 사람들에게 꼭 해주고 싶은 말이 바로 Don't forget입니다. Remember와 비슷한 뜻이라고 할 수 있겠죠. Don't 에서도 배웠듯이 동사 앞에 Don't를 쓰면 '~하지 마' 라는 뜻으로, 그 동사의 원래 의미와 반대되는 부탁을 할 때 쓰면 됩니다.

어제 도 전화한다고 해놓 고 안 했잖아!

A **I'll call you.** 내가 전화할게.

B **Don't forget!** 잊지 마!

A **I'll pick up grandma at the airport.** 제가 공항으로 할머니를 모시러 갈게요.
B **Don't forget! Please meet her at the gate.**
잊으면 안 돼! 출구에서 할머니를 만나도록 하렴.
A **No problem.** 알겠어요.

Don't forget to call me!

"전화하는 거 잊지 마!"와 같이 어떤 일을 잊지 말라고 확실하게 쐐기를
박아주고 싶을 때는 Don't forget to 다음에 동사를 넣어서 말하세요. "잊지 말고
숙제해!"는 Don't forget to do your homework!라고 하면 되겠죠.

A **Don't forget to e-mail me!** 나한테 이메일 쓰는 거 잊지 마!

B **I won't!** 잊지 않을게!

A **You better not (forget).** 그러는 게 좋을 거야.

이거 끝내는 거 잊지 마! **Don't forget to finish this!**
잊지 말고 빵 사와! **Don't forget to buy some bread!**
점심 때 저 만나는 거 잊지 마세요! **Don't forget to meet me for lunch!**
일찍 일어나는 거 까먹으면 안 돼! **Don't forget to wake up early!**

126

Give it back 돌려줘

give는 '주다' back은 '거꾸로/돌려서' 인데요, 이 두 단어를 함께 써서 Give back이라고 하면 '돌려줘' 라는 뜻이 됩니다. 그냥 달라는 게 아니라 빌려준 것을 달라는 의미죠. 그렇다면 뭘 돌려달라는 건지 알려줘야 하지 않겠어요? 그래서 들어간 단어가 it입니다. 이때 주의할 것, it은 give와 back의 중간에 넣어야 합니다.

책을 빌려가서 일 년이 넘도록 안 주냐?

A **Give it back.** 돌려줘.

B **Okay.** 알았어.

A **I took your chair when you left.** 네가 떠났을 때 내가 네 의자를 차지했지.
B **Give it back.** 돌려줘.
A **Sorry. It's mine now.** 미안. 이젠 내 거라구.

Give it back to me. **127**

Give it back to me.

어떤 사람에게 돌려주라고 말하고 싶으면 Give it back to 뒤에 사람을 넣어주면 됩니다. "그들에게 돌려줘"는 Give it back to them, "우리에게 돌려줘"는 Give it back to us.라고 하면 됩니다.

이거 네 거였어? 왜 나한테 있지?

A **What should I do with this?** 이걸 어떻게 해야 하지?

B **Give it back to me.** 나한테 돌려줘.

받은 사람한테 돌려줘. **Give it back to the person it came from.**

우리 형한테 돌려주세요. **Give it back to my brother.**

너희 엄마께 돌려드려. **Give it back to your mother.**

너한테 준 사람에게 돌려줘. **Give it back to the person who gave it to you.**

Go ahead 먼저 하세요

매표소나 버스 정류장에서 줄을 설 때 "먼저 하세요"라고 말하는 경우가 있죠. 어르신이 계시거나 누가 먼저인지 순서가 애매할 때 그럴 텐데요, 이때는 Go ahead라고 하면 됩니다. ahead는 원래 '앞에/먼저' 라는 뜻이니까 '앞에 가세요, 먼저 하세요' 의 의미가 되는 거죠. 꼭 한번 써보세요. 아마 여러분을 보는 눈이 달라질 겁니다.

예방접종은 정말 싫다구

A **Go ahead. I'm not ready.** 먼저 해. 나는 아직 준비 안 됐어.
B **No. I'll wait for you.** 아냐. 너 기다릴게.

A **I really want a third piece of pie.** 난 정말이지 파이 세 조각째 먹고 싶은데.
B **Go ahead. It's your birthday.** 어서 먹어. 네 생일이잖아.
A **Yeah, but it will make me sick.** 그래, 하지만 먹으면 배 아플 거야.

Go ahead and use this.

먼저 하긴 하는데 뭘 하라는 건지 자세히 말해주고 싶으면 Go ahead and 다음에 동사를 써줍니다. "먼저 가서 이걸 이용하세요"는 Go ahead and use this. 가 되겠죠. 친절한 사람이 되려면 꼭 외워두세요.

사실은 남친이랑 약속이 있단다

A Go ahead and leave. 어서 가.

B Aren't you coming, too? 너는 안 가?

A No. I have to study. 안 가. 난 공부해야 돼.

어서 해. **Go ahead and do it.**
어서 마셔. **Go ahead and drink it.**
어서 가져. **Go ahead and take it.**
어서 먹어. **Go ahead and eat it.**

051

Leave it 그냥 내버려 둬

Leave me alone. 날 좀 그냥 내버려둬. 이라는 표현은 많이들 알고 있을 겁니다. 영화에서 보면 주인공이 실연을 당했다거나 중병에 걸렸다거나 하는 심각한 상황에 꼭 나오는 대사죠. Leave it은 me 대신에 it을 써서 '내'가 아니라 '그것을' 내버려두라는 뜻이 되는데요, 특정한 사물을 가리키는 게 아니라서 두루두루 잘 쓸 수 있는 표현입니다.

그 노트북은 이미 맛이 갔다구

A **What should I do with this notebook computer?**
이 노트북 컴퓨터로 뭘 해야 하지?

B **Leave it.** 그냥 내버려둬.

A **Wait! I have to get my purse.** 잠시만! 지갑을 가져와야 돼.
B **Leave it. The boat is sinking.** 내버려둬. 보트가 가라앉고 있다고.
A **But my credit cards are in there!** 그치만 내 신용카드들이 그 안에 있단 말이야!

Leave it on the table.

Leave it on the table.그걸 테이블 위에 놔둬. 처럼 장소를 알려주는 표현이 뒤에 따라오면 leave의 뜻이 조금 바뀝니다. Leave it에서 leave는 '떠나다, 남겨두다' 라는 의미지만, 여기서는 뭔가를 '놓아둔다' 는 의미가 강해지죠. 물론 Leave it alone.이라는 표현도 쓸 수 있습니다. 이때는 "그걸 그냥 놔둬" 라는 뜻이 된답니다.

지금은 설거지 중이라 직접 받을 수가 없네

A **Where should I put this key?** 이 열쇠 어디에 둬야 해?

B **Leave it on the desk.** 책상 위에 놔둬.

소파 위에 놔둬. **Leave it on the couch.**

주방 조리대에 놔둬. **Leave it on the kitchen counter.**

바닥에 내버려둬. **Leave it on the floor.**

의자 위에 둬. **Leave it on the chair.**

052

Not again!

또 그러면 안 돼!

우리말에 삼세번이라는 말이 있죠. 뭔가 시도를 할 때 세 번은 해본 다음에 포기하고, 누군가 잘못한 일이 있더라도 세 번은 용서해주라는 아주 좋은 의미를 가지고 있습니다. 그래도 같은 잘못을 되풀이하는 사람에게는 따끔하게 한 마디 해줘야겠죠? 이럴 때는 Not again!이라고 말하세요.

세차만 하면 비가 오는구나

A **It's raining.** 비가 오네.

B **Not again!** 또 오면 안 돼!

A **The toilet is overflowing.** 변기가 넘쳤어.
B **Not again! That's the third time this week.** 또야! 이번 주에만 세 번째란 말이야.
A **I'll call the plumber.** 내가 배관공을 부를게.

It can't happen again! **133**

It can't happen again!

구어 표현으로 미국 사람들이 쓰는 말인데요, 감정을 넣어서 연기하듯 말
해야 맛이 살아납니다. 가끔 미국 사람들 말하는 걸 보면 좀 오버다 싶을 때가 있는데
바로 그렇게 말해야 정석입니다. 그런 일이 또 일어나다니 믿을 수가 없다는 뜻이죠.
우리말로는 "설마!" "정말이야?" 정도로 이해하면 됩니다.

그건 저번 주에 새로 산 지갑이잖아!

A **I lost my wallet.** 지갑을 잃어버렸어.

B **It can't happen again!** 설마!

A **It did.** 진짜야.

이건 다시는 일어나면 안 돼! **This can't happen again!**
그런 일은 다시는 일어날 수 없어! **That kind of thing can't happen again!**
이번 같은 일은 다시는 일어나면 안 돼요! **A thing like this can't happen again!**
이 일은 절대로 다시는 일어나면 안 돼! **This thing can't happen again!**

Save it 보관해둬

Save it을 발음할 때는 [세이브잇]이라고 정직하게 하지 말고, 첫 음절에 강세를 주고 두 단어를 붙여서 [세이ㅌ]라고 발음하는 게 좋습니다. 돈이나 물건을 나중을 위해 보관해두라는 뜻이죠. 음식을 나중에 먹겠다고 할 때도 쓸 수 있는 표현입니다.

갑자기 생긴 돈일수록 막 쓰게 된다구

A **What should I do with this money?** 이 돈으로 내가 뭘 해야 할까?

B **Save it.** 보관해둬.

A **I didn't mean to hurt you.** 너를 아프게 하려는 건 아니었어.
B **Save it. I'm tired of your lies.** 됐어. 난 네 거짓말에 지쳤어.
A **So, is our friendship over?** 그럼, 우리 우정은 끝난 거니?

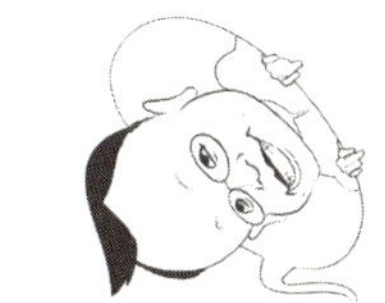

Save it for tomorrow. **135**

Save it for tomorrow.

바네사 윌리엄스가 부른 노래 중에 "Save the best for last." 라는 가사가 있습니다. 마지막에 뻥 터뜨리기 위해 한 방(최선)을 남겨두라는 뜻이죠. 이처럼 미래를 위해 보관해두라고 말할 때는 Save it for 다음에 구체적인 내용을 써줍니다. "내일을 위해 넣어 둬" 는 Save it for tomorrow.가 되겠죠.

아버지가 돌아가시고 보험금을 남기셨어요

A **What should I do with this insurance money?**
이 보험금을 제가 어떻게 해야 하나요?

B **Save it for later.** 나중을 위해서 잘 보관해두세요.

A **Okay.** 알겠습니다.

동생을 위해서 잘 보관해둬. **Save it for your sister.**
그 사람이 하게 놔두세요. **Save it for him to do.**
다음을 위해 보관해두세요. **Save it for another day.**
다른 사람을 위해 보관해두세요. **Save it for someone else.**

054

Show me 보여줘

show는 우리에게 동사보다는 명사로 익숙한 단어죠. '불쇼'라든지 '쇼하고 있네'처럼요. 원래 show는 동사로 '보여주다'라는 뜻입니다. Show me the money. 돈을 보여줘. 라는 말 들어보셨나요? 영화 〈제리 맥과이어(Jerry Maguire)〉에 나오는 대사이기도 하죠. 돈을 먼저 보여주고 말하라는 뜻으로, 갱 영화에서는 착수금을 받기 전엔 일을 할 수 없다는 의미로 쓰인답니다.

네가 카드 칠 줄 안다구?

A **I know how to play cards.** 난 이 카드는 어떻게 치는지 알아.

B **Show me.** 나한테 보여줘봐.

A **We know how to arrange the chairs.**
우린 어떻게 의자를 놔야 하는지 알아.
B **Show me.** 나한테 보여줘봐.
A **Okay, I've made some drawings.** 좋아, 내가 그림으로 보여줄게.

Show me your love.

사랑하는 연인에게 Show me your love. 라고 말해보세요. "네 사랑을 나에게 보여줘"라는 뜻으로 아주 달콤한 구애의 표현이거든요. 간질간질한 표현인 만큼 팝송에서도 많이 쓰이는 말입니다. 이렇게 뭔가 구체적으로 보여달라고 말할 때는 Show me 다음에 물건을 얘기하면 됩니다.

나눈 네거보다 더 좋은 걸로 바꿀 거야

A **Show me your new cell phone.** 너 새로 산 휴대폰 좀 보여주라.

B **Here it is.** 여기 있어.

A **Cool.** 멋진데.

네 사진을 좀 보여줘. **Show me your picture.**
너 보고서 좀 보여주라. **Show me your paper.**
네 노트 좀 보여주라. **Show me your notes.**
너 문신 좀 보여줘. **Show me your tattoo.**

055

Take it 가져가

bring과 take는 서로 반대의 뜻을 가진 동사입니다. Bring it은 "그거 가져와" Take it은 "그거 가져가"라는 뜻이죠. 헷갈려서 잘못 말하면 낭패를 볼지도 모릅니다. 갑자기 비가 쏟아지는데 마침 하나 남은 우산을 외국인 친구에게 건네주면서 Bring it. 이라고 하면 어떤 사건이 생길지 저도 궁금하네요.

그 책 40페이지에서 10달러 발견!

A **Can I have this book?** 이거 가져도 돼?
B **Take it.** 가져.

A **Really, I don't need your money.** 정말로 난 네 돈 필요 없어.
B **Take it. It's okay.** 가져. 괜찮아.
A **I don't know if I can pay you back.** 내가 다시 갚을 수 있을지 모르겠어.

You should take it.

should는 약간 강제적인 느낌을 주는 조동사입니다. 동사 앞에 쓰여서 동사의 본래 뜻에 강제의 느낌을 더해주죠. must보다는 약하고 may보다는 아주 강한 느낌이라고 할 수 있습니다. 따라서 You should take it.이라고 하면 "넌 그걸 가져가야 해"라는 강요가 섞인 의미가 됩니다.

공연 팜플렛을 정말 가지고 싶긴 하지만 귀한 거잖아

A **I'd like another one.** 한 개 더 가지고 싶다.

B **You should take it.** 너 가져도 돼.

A **No. It's the last one.** 아니야. 그게 마지막이잖아.

그거 네가 부모님께 가져가도 돼. **You should take it to your parents.**
넌 그걸 수업에 가져가야 돼. **You should take it to class.**
당신은 그것을 경찰에 가져가야 합니다. **You should take it to the police.**
넌 그걸 전문가에게 가져가야 해. **You should take it to an expert.**

056

Tell me 말해

이 표현을 모르는 대한민국 사람들은 아마 없을 겁니다. 깜찍한 소녀그룹 원더걸스의 〈Tell me〉라는 노래 때문이죠. 반복적인 가사와 중독성 있는 멜로디 때문에 Tell me라는 표현이 머릿속에 콱 박혔을 거예요. 덕분에 좋은 표현 하나를 거저 건졌으니 원더걸스에게 고마워해야겠는데요.

자기야, 나 사실은 쌍꺼풀 수술 한 거야

A **I have a secret.** 비밀 있어.

B **Tell me.** 나한테 말해봐.

A **There's something we need to tell you.** 우리가 너에게 말해야 할 게 있어.
B **Tell me. I won't be upset.** 말해봐. 화내지 않을게.
A **We accidentally wrecked your car.** 우리가 잘못해서 네 차를 좀 부쉈어.

Tell me about your dream. **141**

Tell me about your dream.

뭘 말하라는 건지 알려주지도 않고 무조건 말하라고 다그칠 수는 없는 노릇이죠. 이럴 때는 Tell me about 다음에 듣고자 하는 내용을 넣으면 됩니다. Tell me about your dream.은 "네 꿈에 대해 말해봐"가 되겠죠. 주의할 것 하나! 영어 관용표현 중에 Tell me about it.이라는 말이 있는데요, 이 표현은 "그것에 대해 나한테 말해"가 아니라 "동감이다"라는 뜻이랍니다.

생각 보다 힘든가 보네

A **Tell me about your new job.** 너의 새 직장에 대해 말해봐.

B **It's hard, but it pays well.** 힘들지만 보수는 좋아.

너희 가족에 대해 말해봐. **Tell me about your family.**
너희 수업에 대해 말해줘. **Tell me about your class.**
문제점에 대해 말해주세요. **Tell me about problems.**
모든 것을 말해주세요. **Tell me about everything.**

057

Watch out! 조심해

Look out과 같은 의미로 "조심해"라는 뜻입니다. 갑자기 저쪽에서 차가 온다거나 미끄러운 길이 있을 때 주의를 환기시킬 목적으로 쓰는 말이죠. 이때 발음에 주의해야 하는데요, [와치]가 아니라 [와취]라고 해야 합니다. 재채기할 때 나는 소리 "에취!"를 기억하세요.

앞에 빙판이 있어요

A **Watch out!** 조심하세요!

B **Thanks!** (알려줘서) 고마워!.

A **Are those real alligators?** 살아있는 악어예요?

B **Yes, they are. Watch out! They're hungry.**
네, 살아있어요. 조심해요! 쟤들 배고픈 상태라구요.

A **Don't worry. I'll keep my distance.** 걱정마세요. 거리를 둘게요.

Watch out for that hole!

조심을 하긴 하는데 뭘 조심해야 할지 얘기해주고 싶은 친절한 독자들은 Watch our for that 다음에 조심해야 할 내용을 넣어주세요. 연말 무렵이면 송년회에서 얼큰하게 취한 아저씨가 맨홀에 빠지는 사건이 뉴스에 등장하곤 하죠. 이때 "구멍 조심하세요!"라고 말하려면 Watch our for that hole!이라고 하면 된답니다.

뒤에서 차가 오고 있어

A **Watch out for that car!** 저 차 조심해!

B **Oh!** 앗!

A **That was close!** 큰일 날 뻔했다!

그 벽 조심하세요! **Watch out for that wall!**
그 자전거 조심해! **Watch out for that bicycle!**
그 나뭇가지 조심해! **Watch out for that (tree) branch!**
그 문 조심해! **Watch out for that door!**

058

Write me 편지 써

저는 가을 하면 생각나는 노래가 몇 개 있습니다. 이문세의 「가을이 오면」, 윤도현의 「가을 우체국 앞에서」 그리고 동물원의 「흐린 가을 하늘에 편지를 써」가 그것인데요, 세 곡 모두 가을과 편지를 소재로 하고 있죠. 왠지 가을이 되면 잊고 지냈던 사람들 소식이 궁금해지는 것 같아요. 가을이란 계절이 사람을 분위기에 젖게 하는 탓일 테죠. 보고픈 누군가에게 편지를 받고 싶으면 괜히 길게 Write me a letter.라고 할 필요 없고 짧고 간단하게 Write me.라고 하세요.

너 고무신 거꾸로 신으면 안 돼!

A **Write me.** 편지 써.

B **I will.** 그럴게.

A **I'll miss you when I'm in Iraq.** 이라크에 가면 네가 정말 그리울 거야.

B **I'll miss you, too.** 나도 네가 그리울 거야.

A **Write me. Your letters will give me strength.**
편지 써. 네 편지가 나에게 힘을 줄 거야.

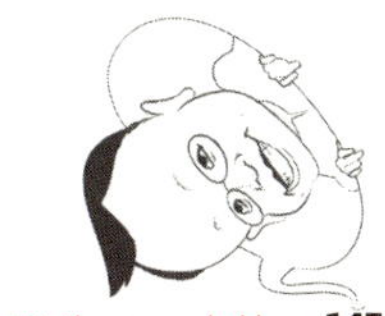

Write me a letter.

나에게 어떤 형태로 글을 전해주길 바라는지 구체적으로 말할 수도 있습니다. 이럴 때는 Write me 다음에 원하는 글의 형식을 넣어주면 됩니다. "나한테 편지 써"는 Write me a letter. "이메일 보내"는 Write me an e-mail. 혹은 Email me.라고 하는 거죠. 예전에는 편지 외에는 마음을 전할 수단이 별로 없었는데 과학 기술이 발전하면서 다양한 방법들을 활용할 수 있게 되었네요.

어학연수 갔다고 영어로 답장하면 안 된다!

A **Good-bye!** 잘 가!

B **Write me an e-mail.** 이메일 써.

A **I will.** 알았어.

저에게 쪽지 보내세요. **Write me a note.**
저한테 카드 보내세요. **Write me a postcard.**
나한테 메신저로 메시지 보내. **Write me an instant message.**
그것에 대해 나에게 쪽지를 써줘. **Write me a note about it.**

059

We will see 한번 보자

열 받아서 한번 두고 보자는 말이 아니구요, 시간이 지나면 어떻게 되는지 지켜보자는 뜻입니다. 눈이 너무 많이 와서 고향에 내려갈 수 있을지, 스케줄이 빡빡해서 데이트를 할 수 있을지 알 수 없는 경우에 쓰는 표현이죠. 시간도 많으면서 바쁜 척 하려고 이런 표현을 쓰는 사람들도 많더라구요.

갑자기 과장님이 특별업무를 주시잖아

A **Can we go to the mall?** 우리 쇼핑몰에 갈 수 있어?

B **We will see.** 한번 보자.

A **Elise signed up for the marathon.** 일리스가 마라톤을 하겠다고 등록했대.
B **We will see. She always backs out.** 두고 보자구. 걔는 만날 취소하니까.
A **Has she ever run a marathon?** 걔가 마라톤을 해본 적이 있긴 해?

We will see whether or not we can. **147**

We will see whether or not we can.

무엇을 두고 볼지 자세히 설명할 때 쓰는 표현입니다. whether or not~
은 '~인지 아닌지'라는 뜻이니까 We will see whether or not we can.이라고 하
면 "우리가 할 수 있을지 없을지 한번 보자구"라고 해석할 수 있죠. 이렇게 어떤 가능
성이 있는지 두고 보자고 할때는 whether or not 뒤에 내용을 덧붙여주세요.

소풍 날마다 비오 라고 누가 고사 지내 는 거 아냐?

A **Can we have a picnic today?** 우리 오늘 소풍 갈 수 있을까?

B **We will see whether or not the weather stays nice.**
날씨가 좋을지 어떨지 한번 보자.

우리가 갈 수 있는지 없는지 한번 보자. **We will see whether we can go or not.**
그들이 전화를 하는지 어떤지 봅시다. **We will see whether or not they call.**
가능한지 어떤지 봅시다. **We will see whether it's possible or not.**
충분한지 그렇지 않은지 보자. **We will see whether there's enough or not.**

앞에서 배운 핵심표현과 대화를 떠올려보세요.

034 A **Don't!**
B 걔들이 나보고 하랬어.

035 A **Eat.**
B 배 안 고픈데.

036 A 난 답을 모르겠는데.
B **Guess!**

037 A **Help!**
B 잠깐만요! 가고 있습니다!

038 A **Listen!**
B 뭐지?

039 A **Look!**
B 뭘?

040 A 이만하면 충분한가요?
B **More.**

041 A 좀 더 드시겠어요?
B **Please.**

042 A **Quiet.**
B 미안합니다.

043 A **Remember.**
B 그럴게.

044 A 이거 아주 맛있는데.
B **Stop!**

045 A 어디에 여권을 뒀는지 기억이 안 나
B **Think.**

046 A 잘 가.
B **Wait!**

047 A **Call me.**
B 응. 그럴게.

048 A 너한테 전화할게.
B **Don't forget!**

049 A **Give it back.**
B 알았어.

050 A **Go ahead.**
B 아냐. 너 기다릴게.

051 A 이 노트북으로 뭘 해야 하지?
B **Leave it.**

052 A 비가 오네.
B **Not again!**

053 A 이 돈으로 뭘 해야 할까?
B **Save it.**

054 A 난 카드 게임 어떻게 하는지 알아.
B **Show me.**

055 A 이 책 가져도 돼?
B **Take it.**

056 A 나 비밀 있어.
B **Tell me.**

057 A **Watch out!**
B 감사합니다.

058 A **Write me.**
B 그럴게.

059 A 우리 쇼핑몰에 갈 수 있어?
B **We will see.**

중국인이 한국인보다
영어를 잘 하는 이유는?

우리는 중국어가 영어와 발음도 비슷하고 특히 문법적으로도 아주 비슷하다고 생각합니다. 하지만 제가 중국에 몇 년 있어본 바로는 영어와 중국어가 아주 비슷하다고 할 수는 없습니다. 절반 정도 비슷하다고 할까요. 반면에 한국어와 중국어를 비교해봐도 어순이나 문법이 반 정도는 비슷하더라구요.

예를 들어, 한국어로 "너 어디야?"를 의미하는 중국어 표현 "니 짜이날?"은 '니'가 '너'고 '짜이날'이 '어디야'를 뜻하므로 어순이 아주 비슷하다고 할 수 있습니다. 반면 "나는 가고 싶다"는 중국어로 "워 시앙 취"인데 영어로 옮기면 I like to go.가 됩니다. 이걸 보면 중국어는 영어와 어순이 비슷하기도 하죠.

결국 말씀드리고 싶은 건 중국어라고 해서 영어와 모든 게 똑같지는 않고, 한국어 역시 중국어와 전혀 다르지는 않다는 겁니다. 다시 말해, 중국어와 영어는 어순과 문법이 비슷하기 때문에 중국 사람들이 영어를 빨리 배운다는 말은 잘못 됐다는 거죠.

그렇다면 어째서 중국인들이 우리보다 영어를 빨리 배우는 걸까요? 어순과 문법이 아주 비슷한 것도 아닌데 대체 어떤 메리트가 있는 걸까요? 오 년 넘게 중국 짬밥을 먹은 경험으로 보자면 중국인은 '쪽팔림'을 모르는 민족인 것 같습니다. 그리고 그 점이 영어를 빨리, 잘 배울 수 있는 강점이 아닌가 싶네요. 반면에 우리는 질문을 받으면 아이나 어른이나 할 것 없이 생각을 너무 깊게 하죠. 틀려서 창피당할까 봐 걱정이 앞서기 때문일 거예요. 그러나 중국인은 틀려도 창피해하지 않고 그냥 줄줄 말합니다. 그게 바로 중국인들과 우리가 가장 다른 점이죠.

영어는 어차피 남의 나라말이라는 걸 기억하세요. 그러면 '틀림 공포증'에서 벗어나는 데 도움이 됩니다. 평생을 말해온 우리말 맞춤법도 틀리기 일쑤인데 하물며 영어는 오죽하겠어요. 틀려도 부끄러워하지 말고 일단 말하고 보자는게 중요합니다.

결론은 이겁니다. 중국 사람들이 영어 배울 때 우리보다 유리한 건 하나도 없다. 다만 우리가 '쪽'을 팔 마음자세만 가지면 된다! 오케?

From 닥터 백

PART ★ 4

상황이 이래
상황 설명하기

네모 안에 가장 정확하고 간결한 표현을 넣어 상황을 설명해보세요.

060 A Are we there yet?
   B [   ] 거의 다 왔어.

061 A Do you study at the library?
   B [   ] 늘 그렇지 뭐.

062 A How's your homework?
   B [   ] 끝났어.

063 A Where's my book?
   B [   ] 여기.

064 A Are you ready to go?
   B [   ] 준비됐어.

065 A Where are the keys?
   B [   ] 저기.

066 A Which ones do you want?
   B [   ] 저것들.

067 A When do you leave?
   B [   ] 오늘.

068 A When will you come back?
   B [   ] 내일.

069 A When did you solve this matter?
   B [   ] 어제.

070 A Who did this?
   B [   ] 내가 했어.

071 A You're late!
B [______________] 알아.

072 A Do you ski a lot?
B [______________] 왕년에 좀 탔지.

073 A Can we go swimming today?
B [______________] 상황 봐서.

074 A Can we finish this on time?
B [______________] 가능해.

075 A Who was that?
B [______________] 아무도 아니야.

076 A What are you doing?
B [______________] 아무것도 아니야.

077 A Which one do you want?
B [______________] 이거.

078 A Which one is yours?
B [______________] 저거.

079 A When did you finish this?
B [______________] 오늘 아침에.

080 A When should we go shopping?
B [______________] 오늘 오후에.

081 A Hi!
B [______________] 오랜만이다.

 얼마나 맞히셨어요? 다음 페이지부터 편하게 읽으면서 확인해보세요!

Almost 거의

Almost는 '거의 다' 라는 뜻으로 Are you ready yet?이제 준비됐니? Are you done?다 됐니? Did you finish your homework?숙제 다했니?와 같은 질문에 대답하는 표현입니다. 굉장히 간단하고 쉬워 보이지만 의외의 복병이 있죠. 바로 발음입니다. 흔히 [올모스트]라고 하는데 [얼머스트]라고 해야 네이티브가 알아듣는답니다.

길 헤맨 지 두 시간째. 차라리 물어 보자구!

A **Are we there yet?** 다 온 거야?
B **Almost!** 거의!

A **Have you finished the project?** 너 그 프로젝트 다 끝났어?
B **Almost.** 거의.
A **All right, call me when you're done.** 알았어, 끝나면 전화해.

He almost here. **157**

He **almost** here.

Almost는 He/She/I/We 같은 주어와 함께 써서 동작의 주체를 정확하게 나타낼 수도 있습니다. 가끔 He는 3인칭 단수니까 almost가 아니라 almosts라고 해야 한다고 박박 우기는 사람이 있는데 s는 동사에 붙여야 한다는 거 잊지 마세요. 여기서는 be동사가 쓰였으니 3인칭 단수형 is가 〈동사+s〉를 대신하겠죠?

아직도 안 오고 뭐하는 거얏

A **Where is he?** 그 사람 어디 있어?

B **He's almost here.** 거의 다 왔어요.

나 거의 다 끝났어. **I'm almost finished.**
우리 거기에 거의 다 왔어요. **We're almost there.**
나 자동차 사고 날 뻔했어. **I almost had a car accident.**
나 약속 까먹을 뻔했어. **I almost forgot about my appointment.**

061

Always 늘 그래

일상적으로 하는 일에 대해 질문은 받았을 때 "늘 그래" "항상 그렇지 뭐" 라고 답하고 싶으면 Always 한 단어면 됩니다. 우리가 늘 하는 일들 많잖아요? 늘 텔레비전 보면서 과자 까먹고 늘 소개팅에 나가서 차이고…. 앞으로는 '늘' 그런 일들을 좀 희망찬 일로 바꿔보자구요.

도서관에 가야 엄마 눈을 피할 수 있다구요

A **Do you study at the library?** 너는 도서관에서 공부하니?

B **Always.** 항상요.

A **Can I count on you?** 너한테 신세 좀 져도 될까?
B **Always.** 언제든.
A **Great, I'll see you at the meeting.** 좋아, 회의시간에 보자구.

159

I **always** eat here.

철학자 칸트는 시간관념이 너무나 정확해서 마을 사람들이 그가 산책하는 걸 보고 시계를 맞췄다는 일화가 있죠. 이렇게 늘 반복하는 일에는 always와 함께 동사의 현재형을 써줍니다. I always eat here.라고 하면 "난 늘 여기서 먹어"라는 뜻이죠. 여기서 한 가지 주의할 것은 이 표현은 내가 여기서 먹는 습관이 있다는 걸 알려주는 것이지 지금 여기서 먹고 있는 상태를 나타내는 말이 아니라는 점입니다. 내가 지금 먹고 있을 때는 I'm eating. 같이 현재진행형을 쓰세요.

A **Where should we eat?** 우리 어디서 먹을까?

B **I always eat here.** 난 항상 여기서 먹는데.

그 남자는 항상 늦어. **He is always late.**
걔들은 항상 나를 도와줘. **They always help me.**
그 여자는 항상 배가 고픕니다. **She's always hungry.**
우리는 항상 함께 공부합니다. **We always study together.**

160

062

Done 끝났어

제가 미국생활 10년 동안 가장 많이 사용했던 말이 바로 Done이 아닐까 싶네요. 미국에 가기 전에는 done이 do의 분사형이라는 정도만 알았지 이 단어 하나만으로도 많이 쓰인다는 건 몰랐습니다. 어떤 일을 다 끝냈을 때 이렇게 말해보세요. Done!

이렇게 힘든 숙제를 벌써 끝냈단 말이야?

A **How's your homework?** 숙제는 어때?

B **Done.** 끝냈어.

A **Did you iron all the shirts I left?** 내가 두고 간 셔츠 다 다렸어?
B **Done.** 다 했어.
A **You are a fast worker!** 너 정말 빨리 해내는구나!

I'm **done** with the book.

이 표현 역시 미국 가기 전에는 전혀 알지 못했던 표현인데, 미국 사람들은 거의 입에 달고 살더라구요. 뭔가 끝낼 일이 많은 걸까요? 여러분들은 아마 "나 그 책 다 읽었어"라고 하면 I read the book. 같은 문장을 떠올릴 거예요. 하지만 I'm done with the book.이라고 하는 게 훨씬 네이티브다운 표현이랍니다.

A **How is the project going?** 프로젝트 잘 돼가니?

B **I'm done with it.** 끝냈어.

A **Great!** 잘됐다!

화장실 다 썼습니다. **I'm done with the bathroom.**
곧 끝낼게요. **I'll be done with it soon.**
신문 다 읽었어요. **I'm done with newspaper.**
나 그거 대부분 끝냈는데. **I'm done with most of it.**

063

Here 여기

뭔가 건네주면서 하는 말입니다. 아무 말 없이 건네주면 무뚝뚝하단 소리 듣기 십상이에요. 같이 식사하다가 "소금 좀 줄래"라고 하거나 멀리 있는 책을 집어달라고 부탁할 때 "여기"라는 뜻으로 Here를 쓸 수 있죠. 또 수업시간에 출석체크를 할 때 내 이름을 부르면 "저 여기 있습니다"라는 뜻으로도 씁니다.

내 책에 눈 발이라도 달린 걸까?

A **Where's my book?** 내 책 어디 있어요?
B **Here.** 여기요.

A **I need a tissue.** 휴지 있나요?
B **Here. Dry your eyes.** 여기요. 눈물 닦으세요.
A **I hate funerals.** 전 장례식이 싫어요.

Here is where I live.

간단한 표현이지만 영어를 굉장히 잘하는 것처럼 보이게 하는 멋진 표현입니다. Here가 장소나 위치를 나타내는 단어이기 때문에 '~한 곳'이란 뜻을 가진 where가 와서 Here is where~~한 곳이 여기야라는 표현이 만들어집니다. 어떤 장소를 설명할 때 아는 척하면서 써보세요.

당신과 함께라면 어디라도 좋아요

A **New York is where I want to go.** 여기가 제가 가고 싶어 하는 곳이에요.

B **Can I go with you?** 제가 함께 가도 될까요?

A **Sure.** 그럼요.

여기가 내 아파트야. **Here's my apartment.**
여기서 일하나요? **Do you work here?**
저는 여기서부터 시작하고 싶습니다. **Here is where I want to begin.**
여기 네 열쇠 있어. **Here are your keys.**

064

Ready 준비됐어

Are you ready?를 줄여서 간단히 Ready! 또는 Ready?라고 씁니다. 앞서 설명했듯이 r과 l은 주의해서 발음하지 않으면 헷갈리기 쉽습니다. r이 나오면 무조건 입을 둥글게 하고 혀가 입천장에 닿지 않게 하는 거 알고 계시죠? [레디]가 아니라 [뤠디]라는 거 잊지 마세요.

오랜만에 등산가는 날

A **Are you ready to go?** 갈 준비 됐어?
B **Ready!** 준비됐어!

A **Did you prepare the blueprints?** 청사진은 준비했니?
B **Ready! I have them with me.** 준비했지! 내가 가지고 있어.
A **Great. Let's go to the meeting.** 좋아. 회의에 가자고.

I'm **ready** to go!

무엇을 할 준비가 되었는지 구체적으로 밝혀줄 때는 I'm ready to 다음에 동사를 써주면 됩니다. "갈 준비 다 됐어"는 I'm ready to go. "먹을 준비 다 됐어"는 I'm ready to eat.이라고 하면 되겠죠. 준비도 안 됐는데 말만 하는 사람은 되지 말자구요.

애는 중요할 때 꼭 사라진단 말이 야

A **It's getting late.** 늦어지네.

B **I'm ready to go!** 난 갈 준비 다 됐어!

일할 준비가 다 되었습니다! **I'm ready to work!**
쇼핑몰에 갈 준비 다 됐어! **I'm ready to go to the mall!**
쇼핑 갈 준비 다 됐어! **I'm ready to go shopping!**
그걸 할 준비가 다 됐어! **I'm ready to do it!**

065

There 저기

Here가 가까이 있는 것을 가리키는 반면에, There는 조금 멀리 있는 것을 가리킬 때 쓰는 표현입니다. 보통 there는 혼자서만 쓰이기보다는 over there처럼 over와 함께 쓰는 경우가 많죠. 흔히 over 를 '~위에' '~를 넘어' 로만 생각하는데, over there라고 하면 조금 멀리 떨어진 '저쪽에/저 너머에' 라는 뜻이 됩니다.

날 잡아서 창고 정리 좀 하자구

A **Where are the keys?** 열쇠들이 어디에 있지?
B **There.** 저기요.

A **Where's my umbrella?** 내 우산 어디 있지?
B **There. It's next to the door.** 저기. 문 옆에 있어.
A **Oh, it's right where I left it!** 아, 내가 저번에 뒀던 바로 그 자리에 있구나!

My car is over there. **167**

My car is over there.

there는 독자적으로도 쓰지만 over there / right there 같은 형태로도 많이 쓰인다고 앞에서도 얘기했는데요, over there는 '저쪽에' right there는 '바로 저기에' 라는 뜻이죠. 주차해둔 곳을 찾기 힘들어 헤매다가 겨우 차를 찾았네요. 그럴 때 이렇게 말하는 거죠. My car is over there.아, 내 차 저기 있네요.

A **Your book is over there.** 네 책 저기 있네.

B **Thanks.** 고맙습니다.

내 코트 저기 있어. **There's my coat.**

걔들 집은 바로 저기예요. **Their house is over there.**

그 도서관이 저기에 있습니다. **The library is over there.**

쿠키가 저기 있습니다. **The cookies are over there.**

Those 저것들

조금 멀리 떨어진 곳에 있는 여러 개의 사물이나 사람을 가리킬 때 쓰는 표현입니다. 우리말에서는 명사나 대명사가 복수라고 해도 따로 밝혀주지 않기 때문에 those를 해석하면 어색하게 들리기도 합니다. 특히 사람을 가리킬 때가 그렇죠. 사람한테 '저것들' 이라니 이상하잖아요. 그래서 우리말로 해석할 때는 굳이 복수라는 걸 밝혀주지 않는 편이 더 자연스러울 수도 있답니다.

역시 비싼 귤이 먹음 직스럽다니깐

A **Which ones do you want?** 어떤 걸 원해?

B **Those.** 저쪽에 있는 것들(저것들).

A **I can't decide which apples to buy.** 어느 사과를 사야 할지 못 정하겠어.
B **Those. They're the best.** 저것들. 저것들이 가장 좋은 거야.
A **You're the expert! I'll take ten, please.** 너 전문가구나! 저걸로 열 개 살게요.

Those are mine. **169**

Those are mine.

Those는 조금 멀리 있는 여러 개의 사물을 가리키죠. 이를 좀 더 구체적으로 설명해주고 싶을 때는 복수형 be동사 are가 와야 합니다. 간혹 Those is라고 하는 사람들도 있는데 Those are가 입에 붙게 외워두세요. Those are mine.이라고 하면 "저것들은 내 거야"라는 뜻이죠.

새로 나온 축구공 모델 좀 있나

A **Which soccer balls do you like?** 넌 어떤 축구공이 좋아?

B **Those are good.** 저것들이 괜찮은데.

A **I'll have two of those.** 난 저걸로 두 개 할게.

전 저것들로 하겠습니다. **I'll take those.**
저것들은 정말 아닌데(끔찍해). **Those are terrible.**
저것들은 당신을 위한 겁니다. **Those are for you.**
저것들은 너무 비쌉니다. **Those are expensive.**

Today 오늘

Today라는 표현을 쓸 일이 많지 않을 거 같지만 의외로 '언제 ~할 거야?' 라는 질문에 Today 혹은 Tomorrow로 대답할 경우가 많습니다. 또 "마감이 언제까지예요?" 라는 질문을 받았을 때 공교롭게도 오늘까지라면 Today.라고 대답할 수 있겠죠.

여행갈 거면 미리 말해주지 그랬어!

A **When do you leave?** 언제 떠날 거야?

B **Today.** 오늘.

A **When does Pat go to court?** 팻이 언제 법원에 가지?
B **Today. His trial starts in ten minutes.**
오늘이야. 재판이 10분 뒤에 시작될 거야.
A **Is he nervous?** 걔 긴장했니?

Today is Monday.

사람들에게 "오늘은 월요일이다"를 영작해보라고 하면 의외로 힘들어하더라구요. 어렵게 생각할 필요없어요. '오늘' 은 today니까 Today is Monday. 정말 간단하지 않습니까? 영어는 복잡할 거라는 오해가 영어를 더 어렵게 한다니까요.

A **What's today?** 오늘이 무슨 요일이야?

B **Today is Wednesday.** 수요일이야.

A **Thanks.** 고마워.

오늘은 내 생일이야. **Today is my birthday.**
오늘은 제가 쉬는 날입니다. **Today is my day off.**
오늘 비가 올 거예요. **Today is going to be rainy.**
오늘이 걔 생일이니? **Is today her birthday?**

Tomorrow 내일

Today처럼 마감이나 시간을 묻는 경우에 많이 쓰입니다. 뮤지컬 〈애니 (Annie)〉의 메인 곡이 「Tomorrow」인데요, 가사를 보면 이런 얘기가 나오죠. "I love ya, Tomorrow! You're always a day away." "난 널 사랑해, 내일아! 넌 항상 하루 뒤에 있구나." 여기서 ya는 you의 구어체인데요, 내일을 사랑한다니 정말 귀엽지 않나요? 좋은 노래니까 한번 들어보세요.

금방 온다더니 돌아 올 생각을 않네

A **When will you come back?** 언제 올 거야?

B **Tomorrow.** 내일.

A **My sister's coming to visit.** 내 동생이 놀러올 거야.
B **The one in Los Angeles? When?** LA에 사는 동생? 언제?
A **Tomorrow.** 내일.

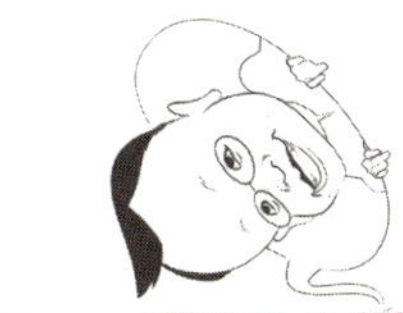

Tomorrow I'll finish it.

Tomorrow는 문장 앞이나 뒤에 붙어서 문장을 꾸며줄 수도 있습니다. "그거 내일 끝낼 거야"는 Tomorrow we'll finish it.이라고 하면 되겠죠. 참고로, 아래 대화의 vacation 발음에 주의하세요. 한국 사람들이 이 발음을 정말 많이 틀리거든요. [버케이션]이 아니고 [베이케이션]이라고 해야 합니다. 자, 따라해보세요. 입술을 물고 [v]발음을 제대로 하면서 [베이케이션]!

난 내일 출근인데 넌 휴가 가는 거야?

A **When is your vacation?** 휴가가 언제야?

B **Tomorrow we'll leave.** 내일 떠날 거야.

우리가 내일은 시간이 더 있어요. **Tomorrow we'll have more time.**
내일 우리가 그것에 대해 알아낼 겁니다. **Tomorrow we'll find out about it.**
내일은 날씨가 더 좋을 겁니다. **Tomorrow we'll have better weather.**
내일 우린 돈을 받을 거야. **Tomorrow we'll get paid.**

174

Yesterday 어제

yesterday/today/tomorrow 시간 삼형제 중에 가장 과거를 나타내는 yesterday네요. 사실 「Tomorrow」라는 노래보다 훨씬 유명한 게 바로 비틀즈(Beatles)의 「Yesterday」죠. 밝고 명랑한 고아소녀 애니의 「Tomorrow」에 비하면 「Yesterday」는 어제 헤어진 애인을 그리워하는 쓸쓸한 노래랍니다.

바쁘다더니 이런 거 할 시간도 있었어?

A **When did you solve this matter?** 너 이거 언제 이 문제를 해결했어?

B **Yesterday.** 어제.

A **Did someone rob the bank today?** 오늘 누가 은행을 털었어?

B **Yesterday. They took two million dollars.**
어제야. 그 사람들 200백만 달러를 가져갔대.

A **Wow! Do they know who did it?** 와! 누가 그랬는지 알고 있대?

Yesterday I met my friend. **175**

Yesterday I met my friend.

tomorrow는 아무래도 미래를 나타내는 조동사 will과 같이 쓰는 경우가 많고 yesterday는 과거형 동사와 쓰입니다. "어제 친구를 만났다"는 Yesterday I met my friend. "어제 영어공부를 했다"는 Yesterday I studied English.라고 말하죠. 이때 yesterday는 문장 맨 뒤로 가도 상관없습니다.

요즘 집 꾸미느라 정신이 없어

A **What have you been doing lately?** 너 요즘 뭐하면서 지냈어?

B **Yesterday I painted the house.** 어제 나 집에 페인트 칠했는데.

A **You've been busy!** 바빴구나!

어제 나 도서관에서 공부했어. **Yesterday I studied at the library.**

전 어제 쇼핑했어요. **Yesterday I went shopping.**

나 어제 피자 시켜먹었어. **Yesterday I ordered a pizza.**

어제 나 스케이트 타러 갔었어. **Yesterday I went skating.**

070

I did 내가 그랬어

did는 '하다' 라는 뜻을 가진 do의 과거형이죠. I did는 누가 그랬냐는 지 질문에 "내가 했어" "내가 그랬어"라고 말할 때 쓰는 표현입니다. 앞서 배운 do의 과거완료형 Done은 '완전히 다 해서 끝내버렸다' 는 뜻이 더 강하답니다. 대체로 동사의 완료형은 과거에 어떤 사건이 끝나서 종지부를 찍었다는 뉘앙스가 있습니다.

잠시 자리를 비운 사이 난장판이 되어 있는 교실

A **Who did this?** 이거 누가 했어?

B **I did.** 제가요.

A **Who stuck their gum under the table?**
누가 테이블 밑에 껌을 붙여놓은 거야?
B **I did.** 제가 그랬어요.
A **Why in the world would you do that?** 도대체 왜 그런 거니?

I did it yesterday. **177**

I did it yesterday.

어떤 일을 언제 했는지 정확하게 밝혀주면 더 많은 정보를 줄 수 있겠죠.
I did it 다음에 시간을 나타내는 yesterday/last week/already 같은 단어를 쓰면
구체적인 시간을 알려줄 수 있습니다.

너희 집 인테리어가 확 달라졌는데?

A **When did you do your home interior work?**
너희 집 인테리어 언제 했어?

B **I did it last week.** 지난주에 했어.

저 어제 숙제했어요. **I did my homework yesterday.**
이거 오늘 아침에 했어요. **I did it this morning.**
그거 어젯밤에 했어. **I did it last night.**
그거 벌써 했는데. **I did it already.**

071

I know 알아

대화할 때 가장 중요한 것은 내가 얼마나 많이 아는지를 뽐내는 게 아니라, 남의 얘기를 잘 들어주는 것이라고 합니다. 이때 좋은 방법 중 하나가 맞장구를 치는 거죠. 가령 I know.알아. That's right.맞아. 같은 말을 중간중간 던져주면 상대방의 말을 좀 더 경청하는 것처럼 보일 수 있습니다.

오늘도 삼십 분이나 기다렸잖아

A **You're late!** 너 늦었어!

B **I know.** 알아.

A **Pete loved that dog.** 피트는 저 개를 사랑했어.
B **I know. Jingles was his best friend.** 알아. 징글스는 그의 최고의 친구였지.
A **I wonder if he'll get another dog.** 걔가 다른 개를 키울 건지 궁금해.

I know that this is right. **179**

I know that this is right.

I know that 다음에 문장을 넣어서 뭘 아는지 정확하게 얘기해주세요. "이게 맞다는 거 나도 알아"라고 하려면 I know that this is right.라고 하면 됩니다. right는 '옳다'는 뜻도 있지만 '오른쪽'이라는 뜻도 있답니다.

내가 늘 맘에 두고 있던 바로 그 반지!

A **It's great!** 대단한걸!

B **I knew that you wanted one.** 네가 그걸 원했다는 거 알고 있었어.

A **Thanks!** 고마워!

너희 수업이 힘들다는 거 잘 알아. **I know that your class is hard.**
그 사람이 당신을 좋아하는 거 알아요. **I know that he likes you.**
지금 가야 한다는 거 알아. **I know that it's time to go.**
시간이 많지 않다는 거 알고 있어. **I know that there's not much time.**

072

I used to 예전엔 그랬지

중고등학교 때 used to라고 하면 '예전엔 ~를 하곤 했다' '과거의 반복적
인 습관' 이렇게 달달 외우곤 했죠. 굳이 그럴 필요 없어요. 그냥 자연스럽
게 예전에 그랬었다는 의미구나 하고 이해하면 됩니다. 물론 '지금은 그렇지는 않
다' 는 뜻이 포함돼 있죠.

뭐야, 중급 코스 에서도 쌩쌩 달리 잖아

A **Do you ski a lot?** 너 스키 많이 타니?

B **I used to.** 예전에는 많이 탔지.

A **Do you know the words to 'The Star Spangled Banner'?**
The Star Spangled Banner' 라는 노래가사 알아?

B **I used to.** 예전엔 알았는데.

A **I want you to sing it at the ceremony.** 예식에서 그 노래를 부르고 싶어.

I used to read a lot. **181**

I used to read a lot.

역시 예전에 뭘 했는지 자세히 나타내주려면 I used to 다음에 동사를 써 주면 됩니다. 여기에 **a lot**까지 붙이면 왕년에 좀 한 정도가 아니라 엄청했다는 뜻이 되죠. I used to read a lot.이면 "예전에 책 좀 읽었지" I used to smoke a lot.이면 "왕년에 담배 좀 폈지."라는 뜻입니다. 뭐 이런 말 하는 사람 치고 정말 왕년에 한가 락 했던 사람은 별로 없지 않나요?

A **I used to run a lot.** 나 예전에 꽤 달렸어.

B **I did, too.** 나도 그랬는데.

저 예전에 운동 많이 했어요. **I used to exercise a lot.**
예전에 내 차 많이 몰고 다녔는데. **I used to drive my car a lot.**
예전에 여행을 많이 다녔어요. **I used to travel a lot.**
예전에 요리를 많이 했어요. **I used to cook a lot.**

073

It depends
그때그때 다르지

네이티브가 정말 많이 쓰는 구어체 문장이 바로 It depends입니다. 우리 말로는 '그때그때 상황에 따라 다르다' 라는 뜻이죠. 친구가 "오바마가 대통령이 되는 게 좋아, 아니면 메케인이 되는 게 좋아?"라고 물어보네요. 대답하기 곤란하면 It depends라고 하세요.

간다고 하고서 안 가는 게 벌써 삼일 째잖아!

A **Can we go swimming today?** 오늘 우리 수영하러 갈 수 있어?

B **It depends.** 상황 봐서.

A **How soon can you get here?** 얼마나 빨리 여기 도착할 수 있니?

B **It depends. I have to finish my work first.**
상황에 따라 다르지. 내 일을 먼저 끝내야 해.

A **I understand, but hurry!** 알겠어. 그렇지만 서둘러줘!

It depends on you. **183**

It depends **on you.**

It depends는 상황에 따라 다르다는 뜻이지만 It depends on~이라고 하면 '~뒤에 오는 것 때문에 달라진다' 라는 뜻이 됩니다. "그건 너한테 달렸어."는 It depends on you. "그건 날씨에 달렸어(날씨에 따라 달라질 수 있어)"는 It depends on the weather.라고 하면 됩니다.

네 엄마 기분이 좋아야 놀이 공원에 갈 수 있느니라

A **Can we go there today?** 우리 오늘 거기에 갈 수 있어요?

B **It depends on your mother.** 그건 네 엄마에게 달렸지.

그들이 무엇을 원하느냐에 달렸지. **It depends on what they want.**

시간이 몇 시냐에 달렸지. **It depends on what time it is.**

누가 거기에 있느냐에 달렸지요. **It depends on who's there.**

우리에게 시간이 얼마나 있느냐에 달렸지요. **It depends on how much time we have.**

It's possible

가능해

영화 〈미션 임파서블(Mission Impossible)〉아시죠? 불가능한 임무를 성공적으로 수행하고 다니는 비밀요원들이 나오는 영화죠. impossible은 '불가능한'이란 뜻으로 possible의 반대말입니다. 가능성이 있다고 답할 때 It's possible이라고 하면 되죠. 영화 제목이 〈Mission Possible〉이었으면 엄청 쉬운 임무만 나오지 않았을까요?

왜 과장님은 꼭 퇴근할 때 일을 주시냐구

A **Can we finish this on time?** 우리 이거 제시간에 끝낼 수 있을까?

B **It's possible.** 가능하지.

A **Is it possible you have the measles?** 네가 홍역에 걸릴 가능성이 있을까?
B **It's possible. I was exposed last week.** 가능해. 저번주에 노출됐거든.
A **You'd better see a doctor.** 너 병원에 가는 게 좋겠다.

It's possible that he forget.

실연당한 친구가 "나 그 애를 잊을 수 있을까?"라고 말하며 몇 날 며칠 괴로워한다면 이렇게 말해주세요. It's possible that he forget. 그를 잊는 건 가능해. 사실 이런 친구들이 더 빨리 잊어버리고 새 애인을 사귀더라구요. 이렇게 뭐가 가능한지 보충설명을 하려면 It's possible that 다음에 문장을 써주면 됩니다.

처음부터 전문가한테 맡기자니까

A **It's possible that we can't fix this CD player.**
이거 못 고칠 수도 있어.

B **Oh, no!** 악, 안 돼!

A **It's okay. We can buy a new one.**
괜찮아. 우리 새로 하나 살 수 있어.

어디선가 잃어버렸을 수도 있어. **It's possible that I lost it somewhere else.**
걔가 그것에 대해 몰랐다는 것도 가능해. **It's possible that she didn't know about it.**
제가 늦을 가능성도 있어요. **It's possible that I'll be late.**
우리가 그곳에 가지 않을 수도 있습니다. **It's possible that we won't be there.**

075

No one 아무도 아냐

한국 사람이 영어에서 가장 취약한 부분이 no one/nobody/someone/ somebody 같은 단어들을 활용하는 것입니다. 우리말에서는 잘 쓰지 않는 말이라서 개념을 잡기가 어렵거든요. No one은 '아무도 (~ 하지 않다)' 라는 뜻입니다. 단, 사람에게만 쓰는 말이라는 것 알아두세요.

엄마는 귀도 밝으셔

A **Who was that (on the phone)?** 누구 (전화)야?

B **No one.** 아무도 아니야.

A **Did anyone thank you for helping?** 도와줘서 고마워하는 사람은 있었어?
B **No one. I won't do it again.** 아무도. 다신 그러지 않으려고.
A **I wouldn't, either.** 나도 마찬가지야.

No one is going to come. **187**

No one is going to come.

무슨 일이길래 아무도 안 할 것같은지 알려주는 표현입니다. 아무도 하지 않을 일이면 처음부터 시작을 말아야 하는데 말이죠. 어쨌든 No one is going to 다음에 동사를 써주면 됩니다. is going to는 will과 비슷한 뜻으로 가까운 미래에 대해 말할 때 씁니다. '~할거야' 라는 뜻이죠. No one is going to come.이라고 하면 "아무도 오지 않을 거야"라는 뜻이 됩니다.

누가 고양이 목에 방울을 달 거야?

A **Who's going to ring the bell?** 누가 벨을 누를 거야?

B **No one is going to do it.** 아무도 안 할 건데요.

A **That's not good.** 그러면 안 되는데.

아무도 이것을 원하지 않을 겁니다. **No one is going to want this.**
아무도 그걸 보지 않을 겁니다. **No one is going to see it.**
어느 누구도 이걸 먹지 않을 겁니다. **No one is going to eat this.**
아무도 그걸 사지 않을 겁니다. **No one is going to buy it.**

076

Nothing 아무것도 아니야

이 대답을 들으면 은근히 화가 나기도 합니다. 이쪽에서는 뭔가 미심쩍은 게 있어서 "너 뭐하고 있었어?" "너 내 거 먹었지?"라고 물어봤는데, 상대방이 아무 일도 없었다는 듯이 Nothing이라고 해버리면 할 말이 없으니까요. 우리 솔직하게 살자구요.

너 지금 내 옷 입고 소개팅 나가려고 그러지?

A **What are you doing?** 너 뭐하는 거야?

B **Nothing.** 아무것도 안 하는데.

A **What are you kids doing up there?** 애들아 거기서 뭐하고 있는 거니?
B **Nothing.** 아무것도 안 해요.
A **You make a lot of noise for doing nothing.**
아무것도 안 하는데 왜 이렇게 시끄러운 거니.

189

She did **nothing** at all.

nothing을 이용한 표현은 여기에 나오는 정도만 알면 충분합니다. 특히 nothing at all을 잘 알아두세요. 특히 **at all**은 '전혀'라는 뜻으로, 부정의 뜻을 가진 단어(not/no/nothing 등)와 함께 쓰이면 '전혀 ~가 아니다'라는 뜻이 됩니다. She did nothing at all.은 "그 여자는 아무것도 하지 않았어"라는 뜻이죠.

내가 분명히 널 도와주라고 부탁했는데

A **Did they help you?** 걔들이 널 도와줬니?

B **They were doing nothing.** 걔들 아무것도 안 했는데.

그 남자는 우리를 위해 아무것도 하지 않았어. **He was doing nothing for us.**
그들은 그 일에 있어 아무것도 하지 않았습니다. **They did nothing about it.**
걔들은 우리를 전혀 도와주지 않았어. **They were doing nothing to help us.**
그 여자는 그것을 막기 위해 아무것도 하지 않았다. **She was doing nothing to stop it.**

077

This one 이것

 특별히 어떤 사물을 콕 집어 말하지 않고 앞에 나온 사물을 다시 언급할 때 one이라는 말을 사용합니다(하나라는 뜻이 아니죠). 이때 one은 혼자서는 잘 안 쓰이구요, this one이것/that one저것/blue one파란 것/small one작은 것 처럼 앞에 수식어가 붙어서 쓰인답니다.

빨간 휴지 줄까, 파란 휴지 줄까?

A **Which one do you want?** 넌 어떤 걸 원해?

B **This one.** 이거.

A **Which dress do you prefer?** 어떤 드레스가 더 마음에 들어?
B **This one. Red looks good on you.** 이거. 빨간 색이 너한테 잘 어울리는 거 같아.
A **Thanks. I'll go with the red one, then.** 고마워. 그럼 빨간 걸로 입고 가야겠다.

This one is good.

This one is 다음에 mine 내 것 / good 좋은 / beautiful 아름다운 / cool 정말 괜찮은 같은 말을 넣으면 '이것'을 더 자세하게 표현할 수 있습니다. "이거 괜찮아"는 This one is good. 이라고 하면 되겠죠. 이렇게 one을 사용하면 사물을 구체적으로 밝혀 주는 것보다 좀더 네이티브스럽게 들린답니다.

헤어 왁스에 이렇게 종류가 많은지 몰랐어

A **Which hair wax should we buy?** 어떤 헤어 왁스를 사야 할까?

B **This one is the best.** 이게 가장 좋은 거 같은데.

이게 더 싼 거 같다. **This one is cheaper.**

이건 너무 비싸. **This one is too expensive.**

이건 질이 형편없는데. **This one is poorly made.**

이게 아주 좋은데요. **This one is very nice.**

078

That one 저것

앞에서도 얘기했듯이 여기서 **one**은 대명사입니다. 대명사는 명사를 대신하는 것이니까 **one**은 우리가 서로 알고 있거나 앞에서 이미 나온 명사를 대신해서 쓰는 말이라고 할 수 있습니다. **this one**은 가까이 있는 것, **that one**은 조금 멀리 있는 것을 말합니다.

학예회 작품 전시를 보러 왔는데 어떤 게 네 거냐?

A **Which one is yours?** 어떤 게 네 거니?

B **That one.** 저거.

A **Which man called you 'pig-nose'?** '돼지코' 라고 불리는 사람이 누구니?
B **That one. The one who looks like a pig.** 저 사람. 저기 돼지처럼 생긴 사람.
A **All right. I'll go talk to him.** 알았어. 가서 그 남자한테 얘기해야지.

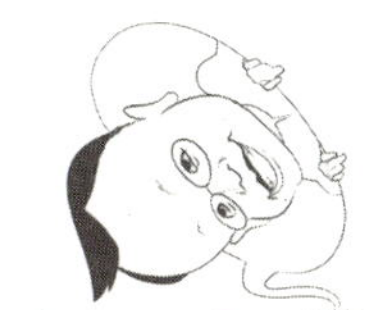

That one is free.

살다가 제일 즐거울 때는 공짜로 뭔가 얻었을 때 아닐까요? 특히 꽤 비싸 보이는 물건을 공짜로 받았을 때의 기분이란 정말 최고죠. "저것은 무료예요"는 That one is free. "저것은 제 컴퓨터예요"는 That one is my computer. 라고 하면 되겠죠.

내 우산 루이빅똥 거라구

A **That one is mine.** 저거 내 거야.

B **Oh. I'm sorry.** 아, 미안.

A **This one is yours.** 이게 네 거고.

저게 더 나아. **That one is better.**
저게 잘 나갑니다. **That one is hot.**
저게 그 여자 겁니다. **That one is hers.**
저건 너를 위한 거야. **That one is for you.**

079

This morning
오늘 아침

today/tomorrow/yesterday는 잘 알면서 오늘 아침이나 내일 아침이 뭐냐고 물어보면 당황하는 사람이 많습니다. '오늘 아침'은 today morning이 아니고 this morning입니다. 내일 아침은요? 이건 그냥 tomorrow morning. 어제 아침은요? Last morning입니다. 조금 헷갈리죠?

이 많은 요리를 언제 다 한 거지?

A **When did you finish this?** 너 이거 언제 끝냈어?

B **This morning.** 오늘 아침에.

A **The police found a bomb on the subway.** 경찰이 지하철에서 폭탄을 발견했대.
B **You're kidding! When?** 농담이지? 언제?
A **This morning. I heard it on the radio.** 오늘 아침에. 라디오에서 들었어.

I ate breakfast **this morning.**

지금은 오전 10시, 친구한테 "나 오늘 아침에 아침밥 먹었어"라고 말하려면 어떻게 해야 할까요? 현재형 eat, 아니면 과거형 ate? 헷갈려하는 사람이 많을 텐데요, 답은 ate입니다. 현재를 기준으로 1초만 지나도 과거라고 보면 되거든요. 자신 있게 말해보세요. I ate breakfast this morning!

어젯 밤까지는 분명 난장판이 었는데

A **When did you clean your room?** 너 그거 언제 했어?
B **I did it this morning.** 오늘 아침에 했어.

오늘 아침에 늦게 일어났어요. **I got up late this morning.**
오늘 아침에 일찍 일어났어. **I got up early this morning.**
전 오늘 아침에 제시간에 일어났어요. **I got up on time this morning.**
오늘 아침 늦잠 잤어. **I overslept this morning.**

080

This afternoon
오늘 오후

오늘 아침은 this morning이라고 배웠죠? 같은 맥락으로 오늘 오후는 this afternoon입니다. 그렇다면 오늘 저녁은? This evening이죠. 하나 더, 오늘 밤은? This night? 아닙니다. Tonight이란 단어가 따로 있죠. 어제밤은 Last night이구요.

우울할 때는 쇼핑이 최고야

A **When should we go shopping?** 우리 언제 쇼핑하러 가지?
B **This afternoon.** 오늘 오후에.

A **I'm having tea with the queen.** 난 여왕님과 차를 마실 예정이야.
B **Really? When?** 정말? 언제?
A **This afternoon. She invited me to the palace.**
오늘 오후에. 그 분이 날 궁으로 초대했어.

We should study this afternoon. **197**

We should study **this afternoon.**

앞에서 should가 강한 권유의 어감이 있다고 했었죠. 그렇다고 수학공식에 숫자 대입하듯이 모든 문장에 적용해서는 안 됩니다. 이 문장의 경우에는 '~하게 하자' 정도로 이해하면 됩니다. We should study this afternoon.이라고 하면 "우리 오늘 오후에 공부하자"라는 뜻이겠죠.

비가 와서 야구 경기가 취소 돼버렸네

A We should go to a concert this afternoon.

우리 오늘 오후에 공연 보러 가자.

B That would be fun. 그거 재밌겠다.

우리 오늘 오후에 공원에 가자. **We should go to the park this afternoon.**
우리 오늘 오후에 체스 한판 하자. **We should watch a movie this afternoon.**
우리 오늘 오후에 부모님 만나 뵈러 가야 돼. **We should visit our parents this afternoon.**
우리 오늘 오후에 도서관 가야 돼. **We should go the library this afternoon.**

081

Long time no see

오랜만이야

원래 문장은 I haven't seen you for a long time.으로 "오랫동안 너를 못 봤다"라는 뜻이지만 보통 줄여서 Long time no see.라고 합니다. 언뜻 보면 콩글리시 같아서 의아해하는 사람들도 있더라구요. 영어에는 이렇게 콩글리시 같은 표현이 꽤 많답니다. No money no show.는 "돈 없으면 쇼도 없다" 즉, 돈 없으면 집에 가서 빈대떡이나 부쳐 먹으라는 뜻이죠.

원수 눈 외나무다리에서 만난다더니

A **Hi!** 안녕!

B **Hi! Long time no see.** 안녕! 오랜만이다.

A **Hey, Marty! Where have you been?** 이봐, 마티! 그동안 어디 있었어?
B **Long time no see. I'm living in Idaho now.**
오랜만이네. 나 지금 아이다호에 살고 있어.
A **Tell me what you've been up to the past five years.**
5년 전부터 지금까지 뭐하고 살았는지 말 좀 해봐.

It's been a long time since we met. **199**

It's been **a long time** since we met.

문법시간에 〈현재완료＋since＋시간〉은 현재완료의 계속적 용법 어쩌구 하면서 열심히 외웠던 기억나시죠? 그 용법이 바로 이 표현입니다. It's been a long time since we met. 직역하면 "우리가 만났던 그때 이후로(since we met) 오랜 시간이 지나왔다"가 되겠죠. 한마디로 "오랜만이다"라는 뜻입니다. 이렇게 복잡한 문법은 원리만 이해하고 문장을 외우는 게 상책이랍니다.

아무리 귀찮아도 방청 소는 매일 해야지

A **It's been a long time since we last did this.**

이거 우리가 지난번에 한 이후로 참 오랜만이다.

B **Yes. We should do it more often.**

그래. 좀 더 자주해야 하는데 말이야.

네가 여기 온 지도 참 오래만이네. **It's been a long time since you've been here.**
그 남자가 방문한 지도 참 오래되었어요. **It's been a long time since he's visited.**
우리가 본 지도 참 오래만이네. **It's been a long time since we've seen each other.**
네가 전화한 지도 참 오래만이다. **It's been a long time since you've called.**

앞에서 배운 핵심표현과 대화를 떠올려보세요.

060 A 우리 다 온거야?
B **Almost.**

061 A 넌 도서관에서 공부해?
B **Always.**

062 A 숙제는 어때?
B **Done.**

063 A 내 책 어디 있어?
B **Here.**

064 A 갈 준비 다 됐어?
B **Ready.**

065 A 열쇠 어딨어?
B **There.**

066 A 어떤 게 더 좋아?
B **Those.**

067 A 언제 떠나?
B **Today.**

068 A 언제 오는데?
B **Tomorrow.**

069 A 언제 문제를 해결했어?
B **Yesterday.**

070 A 이거 누가 그랬어?
B **I did.**

071 A 너 늦었어!
B **I know.**

072 A 너 스키 많이 타?
B **I used to.**

073 A 오늘 수영하러 갈 수 있어?
B **It depends.**

074 A 이거 시간 안에 끝낼 수 있을까?
B **It's possible.**

075 A 누구야?
B **No one.**

076 A 너 뭐하는 거야?
B **Nothing.**

077 A 어떤 걸 원해?
B **This one.**

078 A 어떤 게 네 거니?
B **That one.**

079 A 너 이거 언제 끝냈어?
B **This morning.**

080 A 우리 언제 쇼핑하러 가지?
B **This afternoon.**

081 A 안녕!
B **Long time no see.**

영어공부를
재밌게 할 수 있는 최고의 방법은?

예전에는 영어공부를 재미있게 하기 위한 방법이라면 팝송이 최고였습니다. 그러나 지금은 바야흐로 21세기! 인터넷을 비롯해 다양한 매체 덕분에 팝송뿐 아니라 할리우드 영화, 미국 드라마 등을 수시로 접할 수 있죠. 심지어 외국인과 채팅을 즐길 수도 있습니다. 해외 연수나 여행을 가서 직접 네이티브들과 부대끼는 경험을 하는 건 말할 것도 없구요.

그렇다면, 수많은 매체 중에서 과연 어떤 걸 사용하는 게 영어공부를 하는 데 가장 좋을까요? 누구는 팝송이 최고다 또 누구는 영화가 최고라고 하는데 사실 본인이 끌리는게 최고의 방법입니다. 사람마다 좋아하는 분야가 천차만별이니까 제각기 좋아하고 관심 있는 방법으로 영어를 공부하는 게 정답이라는 거죠.

책 읽는 걸 좋아하는 사람은 책이나 잡지를, 책이 싫은 사람은 영화나 드라마를 고르세요. 그리고 그중에서도 패션에 관심 있는 사람은 〈Vogue보그〉 같은 패션 잡지나 〈The Devil Wears Parada악마는 프라다를 입는다〉 같은 패션 관련 영화를 보면 좋겠죠. 혹은 신인디자이너를 발굴하기 위한 리얼리티 쇼 〈Project Runway프로젝트 런웨이〉 같은 프로그램을 선택할 수도 있을 거예요. 특히 잡지 같은 경우는 꾸준히 읽으면 정보도 얻을 수 있고 영어실력 향상에도 많은 도움이 된답니다. 그렇다고 해서 처음부터 〈Time〉 같이 어려운 잡지를 고르지는 마세요. 들고 다니면 폼은 나겠지만 펼쳐서 읽어볼 수 없으면 영어공부에 도움이 안됩니다. 유명인들에게 관심이 많으면 〈People〉 같은 잡지도 좋고 자연 현상에 관심이 많으면 〈National Geography〉도 좋습니다. 사진이 많아서 글을 이해하기도 쉽거든요.

　누가 어떻게 했더니 영어를 술술 한다더라, 이런 말에 현혹되지 마세요. 자기만의 방법을 찾는 것 역시 하나의 공부가 될 수 있거든요. 다시 한 번 강조하지만, 여러분이 평소에 좋아하고 관심 있어하는 분야를 통해 영어를 체득해야 피가 되고 살이 될 수 있습니다.

From 닥터 백

PART ★ 5

느낀대로 말할게
내 느낌 표현하기

네모 안에 가장 정확하고 간결한 표현을 넣어 느낌을 표현해보세요.

082 A Would you be the best man in my wedding?
　　B [　　　　　　　　　] 당연하지!

083 A How are you feeling?
　　B [　　　　　　　　　] 나아졌어.

084 A Hello.
　　B [　　　　　　　　　] 어서와.

085 A We're getting married!
　　B [　　　　　　　　　] 축하해!

086 A How is it?
　　B [　　　　　　　　　] 맛있네요!

087 A Tell when to stop.
　　B [　　　　　　　　　] 그만요!

088 A Let's go out for dinner.
　　B [　　　　　　　　　] 좋지!

089 A You bumped me.
　　B [　　　　　　　　　] 미안합니다.

090 A How are you feeling?
　　B [　　　　　　　　　] 아파.

091 A Do you want to play baseball with us?
　　B [　　　　　　　　　] 아니, 난 야구를 아주 못해.

092 A How was the musical?

B [   ] 끔찍했지!

093 A I'll help.

B [   ] 고마워요.

094 A Hello.

B [   ] 어서 오세요!

095 A [   ] 잘했어!

B Thank you

096 A It's my turn.

B [   ] 잘해!

097 A Is this enough?

B [   ] 너무 많아요.

098 A How is it?

B [   ] 아주 좋아!

099 A I don't have to work today.

B [   ] 넌 좋겠다.

Absolutely 당연하지

앞에서도 "물론"이란 뜻으로 Sure를 배웠는데요, Absolutely는 이보다 좀더 확신을 담아서 말할 때 쓰는 표현입니다. 원래 absolutely는 부사로 '절대적으로, 무조건'이란 뜻이거든요. Exactly, Definitely도 Absolutely와 비슷한 정도로 확실하다는 뜻을 나타냅니다. 이런 말을 자주 쓰면 의리있고 멋있게 보이지만 지키지도 못할 말을 남발하지는 말자구요.

너 그날 쌍거풀 수술한다고 했잖아!

A Would you be the best man in my wedding?
너 내 결혼식에 들러리 해줄거지?

B Absolutely! I would be honored. 당연하지!

A I hope I can count on you to keep this secret. 나는 네가 이 비밀을 지켰으면 해.
B Absolutely! My lips are sealed. 당연하지! 입 꿰맸다.
A Good. 좋아.

I am absolutely exhausted. **209**

I am **absolutely** exhausted.

문장 안에서 absolutely를 쓰면 '굉장히 ~하다' 라는 뜻이 됩니다. very 보다 훨씬 강도가 심할 때 쓰는 거죠. very보다 발음도 어려우니 너무 많이 쓰지 말고 꼭 필요할 때만 사용하세요. 제가 아는 학생 한명은 이 단어가 멋있다고 아무데나 자주 쓰는데, 맨날 "이 책 굉장히 좋아요" "이거 굉장히 맛있어요" "선생님 완전 멋져요" 이런 식이니까 나중엔 안 믿게 되더라구요.

추운데 미니 스커 트 입고 하이힐 신고 8시간 이나 서서 떠들었다구

A **I am absolutely exhausted.** 난 완전히 지쳐버렸다.

B **You should be. You've worked hard today.**
그럴 만도 하지. 너 오늘 정말 일 많이 했어.

난 굉장히 배고파. **I am absolutely starving.**
난 완전히 사랑에 빠졌어요. **I am absolutely in love.**
전 완전히 길을 잃어버렸어. **I am absolutely lost.**
전 굉장히 곤혹스럽습니다. **I am absolutely devastated.**

Better 나아졌어

아파서 결근했더니 동료가 전화해서 "좀 괜찮아요?" 하고 묻네요. 이때 Better라고 답하면 좀 나아졌다는 뜻입니다. '기분이 나아졌다' '성적이 좋아졌다고 할 때도 쓸 수 있죠. [베터]가 아니라 [베러]라고해야 한답니다. butter도 [버러]잖아요?

감기 걸렸을 때는 이불 덮고 푹 자는 게 최고야

A **How are you feeling?** 기분 어때?

B **Better.** 나아졌어.

A How are you feeling? 기분 어때?
B Better. I'm still a little sore. 좋아졌어. 아직 조금 아프지만.
A I was told the surgery went well. 수술이 잘됐다고 들었어.

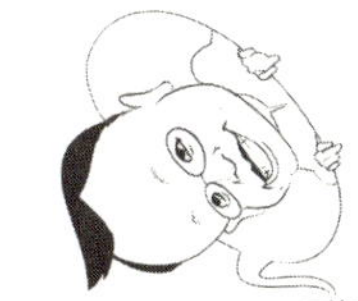

I feel **better** than yesterday.

기분이 언제보다 더 좋아졌는지 밝혀줄 수도 있습니다. 이때는 I feel better than 다음에 '언제'에 해당하는 말을 넣으면 됩니다. "어제보다 좀 좋아졌어"라고 하고 싶으면 I feel better than yesterday.라고 하면 되겠죠.

A **Are you feeling better?** 기분 좋아졌어?

B **I feel better than yesterday.** 어제보다 좋아졌어.

A **Good.** 다행이다.

지난주보다 기분이 좋습니다. **I feel better than I did last week.**
보통 때보다 기분이 나아요. **I feel better than usual.**
월요일보다 기분이 나아졌어요. **I feel better than Monday.**
오늘 아침보다 기분이 좋아. **I feel better than this morning.**

084

Come 어서 와

Come은 단순히 이쪽으로 오라는 뜻으로도 쓸 수 있지만 손님이 왔을 때 "이리로 오세요"의 의미로도 쓰입니다. go는 '가다' come은 '오다' 라는 의미니까 헷갈리지 마세요. 이렇게 늘 헷갈리는 말 중에 push밀다 – pull당기다도 있죠. bring가져오다 – take가져가다도 헷갈리지 않게 한꺼번에 외워두세요.

카페 문이 열리자 기다렸던 그녀가 들어오고

A **Hello.** 안녕.

B **Hi. Come here.** 안녕. 이쪽으로 와.

A **I'm going to have to miss your party.** 난 네 파티에 못 갈 거 같아.
B **No! Come.** 말도 안 돼! 파티에 와.
A **I would if I could.** 갈 수 있으면 갈게.

Come with us!

영어를 하다 보면 정말 쌩뚱맞은 상황이 발생하곤 합니다. come은 분명 동사로 '오다' 라는 뜻인데 Come with us!에서는 come이 '가다' 로 둔갑해서 "우리랑 함께 가자!"가 돼버리거든요. 듣는 사람 입장으로 바꿔 말하는 거래나 뭐래나, 어쨌든 중요한 건 헷갈리지 않게 입에 익히는 거라는 거 아시죠?

나만 휴가 계획이 없는 거냐?

A **Are you going to the beach?** 바닷가에 가는 거야?

B **Yes. Come with us!** 응. 우리랑 같이 가자.

A **Okay!** 좋지!

나랑 같이 가자. **Come with me.**
너 누구랑 왔어? **Who did you come with?**
부모님도 함께 오셨니? **Did your parents come with you?**
지금 집에 오거라. **Come home now.**

085

Congratulations!
축하해!

"Congratulation~ and celebration~" 하는 축하노래로도 유명한 표현 입니다. 생각보다 발음이 어렵지만 여러 번 반복하다보면 익숙해질 거예요. 단, 끝에 꼭 s를 붙여야 한답니다. 잊지 마세요.

깜짝 소식이 있어!

A **We're getting married!** 우리 결혼해!
B **Congratulations!** 축하해!

A **We're pregnant!** 우리 아이 가졌어!
B **Congratulations! When are you due?** 축하해! 아기는 언제 나오니?
A **In November.** 11월에.

Congratulations on your wedding!

어떤 일에 대해 구체적으로 축하해주고 싶으면 Congratulations 뒤에 on을 붙이고 구체적인 상황을 넣어주면 됩니다. graduation졸업 / wedding결혼 /promotion승진 등 어떤 경우도 다 괜찮습니다.

그렇게 속 썩이더니 드디어 졸업을 하는구나!

A **Congratulations on your graduation!** 졸업 축하해!

B **Thanks!** 고마워!

새 직장 찾은 거 축하해! **Congratulations on your new job!**

약혼한 거 축하해! **Congratulations on your engagement!**

아이 낳은 거 축하드려요! **Congratulations on your new baby!**

새집에 입주하는 거 축하드려요! **Congratulations on your new house!**

Delicious 맛있네요

사실 미국인들은 맛있다는 표현을 할 때 Delicious보다는 Very good/Wonderful/Excellent라는 말을 더 많이 씁니다. 그렇긴 해도 Delicious 역시 자주 쓰이는 표현이므로 연습해두면 좋습니다. 예전에 한 라면 광고에서도 이 말이 나온 적 있는데요, "It's delicious!"라는 문구가 인상적이었죠.

처음 만들어보는 크림 스파게티인데

A **How is it?** 어때?

B **Delicious!** 맛있어!

A **How do you like the wild mushrooms?** 자연산 버섯요리 맛이 어때?
B **Delicious! Can I have the recipe?** 맛있어! 요리법 좀 알 수 있을까?
A **Sorry, it's a family secret.** 미안, 우리 가족만의 비법이라서.

This soup is delicious! **217**

This soup is delicious!

앞에서도 얘기했지만 한국 사람들이 많이 하는 실수 중 하나가 food를 foods라고 쓰는 겁니다. '음식'이라는 단어는 셀 수 없는 건데 말이죠. 음식 하나, 음식 두 개, 이렇게 말하지는 않잖아요. 어쨌든 어떤 음식이 맛있으면 음식 이름 뒤에 is/are delicious라고 쓰면 됩니다.

비장의 무기. 김치 볶음 밥이 나간다구!

A **Do you like this fried rice?** 이 볶음밥 맘에 들어요?

B **This is delicious!** 맛있네요!

이 스파게티 아주 맛있네요! **The spaghetti is delicious!**
이 샌드위치가 아주 맛있네요! **These sandwiches are delicious!**
그 브라우니가 정말 맛있습니다! **The brownies are delicious!**
이것들은 맛있어요! **These are delicious!**

087

Enough! 됐어!

⭐ 레스토랑에서 웨이터가 와인이나 물을 따라주면서 Say when.이라고 하는데요, "됐다 싶을 때 when이라고 말하세요"라는 뜻입니다. 쉽게 Tell when to stop.이라고도 하죠. 이때 보통은 When이라고 대답하지만 Enough라고 해도 됩니다.

너무 꽉 채운 거 아닌가?

A **Tell when to stop.** 그만하고 싶을 때 말하세요.

B **Enough!** 됐습니다!

A **Dad, Ben is pinching me!** 아빠, 벤이 나 때려요!
B **Enough! I'm tired of this arguing!** 됐어! 너희 싸우는 거 정말 지긋지긋하다!
A **But he pinched me first!** 그렇지만 쟤가 먼저 때렸단 말이에요!

That's enough! **219**

That's **enough!**

음료수나 와인을 그만 따르라고 할 때뿐만 아니라 누군가랑 말싸움을 할 때도 쓸 수 있는 표현입니다. 상대방에게 "이제 그만 좀 하시지!"라고 말하고 싶을 때 That's enough!라고 하는 거죠. 물론 그런다고 그만 둘지는 나중 문제지만요.

A **I'll tell you when to stop.** 그만하고 싶을 때 말할게요.

B **Okay.** 그러세요.

A **That's enough!** 됐어요!

그만 좀 시끄럽게 해라. **That's enough noise!**
이건 좀 많네요. **This is more than enough.**
전 충분합니다. **That's enough for me.**
됐습니다! **Enough of that!**

088

Great! 좋아

영어에서 Great보다 더 좋은 표현이 있을까요? 누구에게나 어느 상황에서나 적용할 수 있는 만능 격려표현입니다. 다른 사람의 의견에 동의할 때 "좋아"라는 뜻으로 쓸 수도 있고 누군가의 행동에 "잘했어"라고 칭찬해 줄 때도 쓸 수 있죠. 누군가를 칭찬해주고 싶다면 주저하지 말고 Great!를 날려주세요. Great는 격려할 때 외에도 동의하거나 긍정할 때도 씁니다.

축구 경기 보고 나니 슬슬 배가 고프네

A **Let's go out for dinner.** 저녁 먹으러 나가자.

B **Great!** 좋지!

A **I can help you move on Saturday.** 너 토요일에 이사 가는 거 도와줄 수 있어.

B **Great! Can you come over at 7:00?** 좋지! 7시에 들러줄래?

A **I'll be there.** 그럴게.

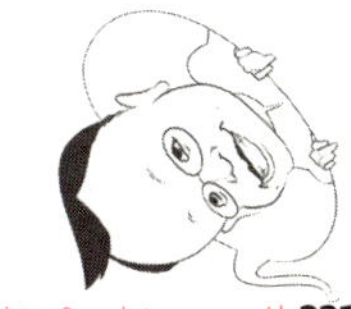

This food is great! **221**

This food is great!

사람이나 물건이나 할 것 없이 great를 이용해서 엄청난 찬사를 보낼 수 있습니다. 간단하게 Great라고 해도 되고 좀 더 구체적으로 This food is great!이 음식 대단한데! 혹은 This club is just great!이 클럽 아주 멋진걸!라고 쓸 수도 있죠. 단, Great를 말할 때는 오버쟁이처럼 말해야 제대로 전달됩니다.

맛집 이라고 잡지에 나왔던데, 어때?

A Do you like your dinner? 식사 맘에 들어?
B This sandwich is great! 이 샌드위치 죽이는데!

그 영화 죽였어! **The movie was great!**
그거 죽이지! **That's great!**
너 끝내주던데! **You were great!**
즐거웠어요. **I had a great time.**

222

Sorry 미안해

정말 많이 쓰는 표현이죠. 문제는 발음입니다. 앞에서도 여러 번 강조했던 r 발음 문제인데요, [쏘리]가 아니라 [쏘뤼]라고 해야 한답니다. 입을 둥글게 말고 혀는 공중에 뜨게, 아시죠? 드라마 〈온에어〉에서 주인공 김하늘양이 하던 '쏘뤼' 발음이 정석이랍니다.

미안 하면 차라도 한잔 사요, 미남 총각

A **You bumped me.** 당신 날 쳤어요.

B **Sorry.** 미안합니다.

A **I thought we were meeting at 8:00.** 난 우리가 8시에 만난다고 생각했어.

B **No, it was supposed to be 7:00.** 아니야, 7시에 만나기로 했다고.

A **Sorry. I'm not usually late.** 미안해. 원래 잘 안 늦는데.

I'm **sorry**, but that's my chair.

"미안하긴 한데 말이야. 나도 사정이 있거든"이라고 말할 때 쓸 수 있는 표현입니다. 무조건 미안하다고 하고 욕먹기엔 억울한 경우가 많잖아요? 극장에서 누가 내 자리에 앉아 있네요. 주눅 들지 말고 이렇게 말해보세요. I'm sorry, but that's my chair. 미안한데, 그거 제 자리예요.

이럴 줄 알았으면 처음 부터 사서 볼걸

A **I'm sorry, but I lost your book.** 미안한데 네 책을 잃어버렸어.

B **That's okay.** 괜찮아.

A **I'll buy another one for you.** 내가 한 권 사줄게.

죄송한데 성함을 까먹었습니다. **I'm sorry, but I forgot your name.**
전화를 못해서 죄송합니다. **(I'm) Sorry (that) I didn't call.**
늦어서 죄송합니다. **Sorry about being late.**
데이트 하는 걸 까먹어서 미안. **Sorry about missing our date.**

090

Sick 아파

Sick은 정말로 병이 나서 아프다는 의미 외에도 짜증나고 싫증난 상태를 나타내기도 합니다. 그래서 누군가의 행동이 짜증날 때 정말로 sick하다고 표현하기도 합니다. 미국 가수 Ne-Yo의 노래 「So sick」을 보면 연인과의 이별 후에 온갖 사랑 노래(love songs)들이 짜증난다며 "I'm so sick of love songs." 라고 표현하고 있죠. 정말 공감이 팍팍 되지 않습니까?

몸이 아픈 게 아니고 마음이 아픈 거라구

A **How are you feeling?** 기분 어때?
B **Sick.** 아파.

A **What's wrong with Yolanda?** 욜란다에게 무슨 문제 있어?
B **Sick. I think she has the flu.** 아프대. 내 생각엔 걔 독감에 걸린 거 같아.
A **She should go home, then.** 그럼 걔 집에 가야겠다.

I feel sick. **225**

I feel sick.

간단히 Sick. 또는 I'm sick. 이라고 할 수도 있지만, 동사 feel를 써서 I feel sick. 이라고 표현할 수도 있습니다. feel이 들어가는 다른 표현으로 자주 쓰는 게 또 하나 있는데요, I know how you feel. 난 네 기분 알아. 입니다. 안 좋은 일이 있어 우울해하는 친구에게 '나도 네 기분 이해해, 너는 혼자가 아니야' 라는 뜻으로 하는 말이죠. 좋은 친구가 되려면 꼭 알고 있어야 하는 필수 표현이겠죠.

과음한 거 아니고?

A **You don't look well.** 안 좋아 보이는데.

B **I feel sick.** 제가 좀 아프거든요.

A **You shouldn't go to work today.** 너 오늘 일하러 가면 안 되겠다.

우리 아빠가 아픕니다. **Dad feels sick.**
어제는 정말 아팠어요. **I felt sick yesterday.**
걔 오늘 아침에 아팠어. **She felt sick this morning.**
제 생각엔 오늘 다들 아픈 것 같아요. **I think everyone feels sick today.**

091

Suck 불쾌해

Suck은 '불쾌하다' '좋지 않다' 라는 뜻으로 기분이 나쁠 때 쓰는 욕입니다. 상황에 따라 다양한 의미로 해석될 수 있지만 어떤 상황이건 상대방에 대한 불쾌감을 나타내는 표현이죠. 이런 말을 쓸 일이 없으면 좋겠지만 의외로 일상 생활에서 많이 쓰이는 표현이라서 알아두는 게 좋답니다.

내가 배트만 잡으면 스트라이크

A **Do you want to play baseball with us?** 나랑 야구 할래?

B **No. I suck at baseball.** 아니, 난 야구를 아주 못해.

A **I win again!** 나 또 이겼어!
B **You suck.** 너 짜증나.
A **Now that's a poor attitude.** 지금 그거 좋지 못한 태도라구.

This movie sucks. **227**

This movie **sucks.**

주어가 3인칭 단수일 때 suck의 3인칭 단수형인 sucks를 사용해서 일이 잘 돌아가지 않거나 마음에 들지 않는 상황을 나타낼 수 있습니다. "이 영화 못 쓰겠어"는 This movie sucks. "우리 호텔방 별로야"는 Our hotel room sucks.라고 하면 되겠죠.

맥주에 물 섞은 거 같고 오래된 거 같아

A **This beer sucks.** 이 맥주 이상하네.

B **I agree.** 동의해.

경제가 좋지 않아. **The economy sucks.**
네 취향은 별로야. **Your taste sucks.**
결과가 좋지 않아. **The outcome sucks.**
걔 태도가 좋지 않아. **Her attitude sucks.**

Terrible 끔찍해

영어에서 이보다 더 안 좋은 표현이 있을까 싶네요. terrific끔장한, 훌륭한의 반대 표현인데 웬만하면 안 쓰는 게 좋답니다. 하지만 어째 날이 갈수록 terrible한 상황이 많아지니 참 마음이 sick합니다. 우리 모두 긍정적인 마음가짐으로 great한 상황을 많이 만들어보자구요.

평 좀 미리 보고 고르자고 했지?

A **How was the musical?** 그 뮤지컬 어땠어?
B **Terrible!** 끔찍했어!

A **How was the ballet last night?** 어젯밤 발레 공연은 어땠니?
B **Terrible. The dancers were not very talented.**
최악이었어. 무용수들이 재능이 별로 없더라구.
A **That surprises me.** 놀라운데.

That sandwich is terrible.

짧게 Terrible이라고 말해도 되지만, 구체적으로 표현하고 싶으면 That sandwich is terrible. 저 샌드위치 끔찍한데. 또는 That movie was terrible. 저 영화 끔찍해. 등과 같이 쓸 수 있습니다. 제가 먹어본 가장 terrible한 샌드위치는 제가 직접 만든 고등어 샌드위치였어요. 터키음식 만들어보겠다고 의욕만 넘쳤던 거죠.

이 샌드위치 눈 기네스북에 올라야 해

A **That sandwich is terrible!** 그 샌드위치 정말 끔찍해!

B **It was supposed to be thrown away.** 버렸어야 했는데 말이야.

A **That's right.** 맞아.

그 컴퓨터는 끔찍해! **That computer is terrible!**
그 책은 정말 말도 안 되게 끔찍해! **That book is terrible!**
그 수업 정말 끔찍하게 싫어! **That class is terrible!**
그 CD 정말 끔찍하다! **That CD is terrible!**

093

Thanks 고마워

짧은 데다 뜻도 좋고 쓸 일도 많아서 입에 잘 감기는 말이 바로 Thanks입니다. 같은 의미로 Thank you.도 있죠. 정말 많이 고맙다는 뜻을 표현하고 싶을 때, 미국 사람들은 장난삼아 Thanks a billion.이라고 말하기도 해요. 십억 번 고맙다는 뜻이 되겠네요.

설마 혼자서 이 많은 짐을 다 옮기겠다는 거야?

A **I'll help.** 내가 도와줄게.

B **Thanks.** 고마워.

A **You have a pretty smile.** 너 정말 예쁜 미소를 가졌구나.
B **Thanks.** 고마워.
A **Are all your teeth real?** 전부 다 원래 네 치아니?

Thanks for coming. **231**

Thanks for coming.

Thanks for coming와줘서 고마워. Thanks for visiting방문해줘서 고마워.
Thanks for returning돌아와줘서 고마워. 등 Thanks for 다음에는 동사의 ing형이 와
야 합니다. 모든 언어를 배울 때 그렇듯이 이 정도만 이해해두고 입에 익히는 게 가장
좋은 방법이랍니다.

빈말이 아니에요

A **Thanks for visiting.** 방문해주셔서 감사드려요.
B **It's my pleasure.** 제가 고맙죠.

시간 내줘서 고마워. **Thanks for your time.**
감사하다는 말을 잊었네요. **I forgot to say "Thanks."**
정말 감사드려요. **Many thanks.**
식사 감사합니다. **Thanks for the meal.**

094

Welcome! 환영해요!

우리말로는 "어서 오세요"라고 해석하는 게 더 자연스럽죠. 워낙 많이 쓰이는 말이라 익숙하실 거예요. 음식점에 들어가면 welcome이라고 씌여 있는 신발 먼지털이용 깔개도 많이 볼 수 있죠. 흔한 만큼 자주 쓰이니까 꼭 써보세요.

여기가 유명하다는 한옥 홈스테이군

A **Hello.** 안녕하세요.

B **Welcome!** 환영합니다(어서 오세요)!

A Welcome! We're glad you could come! 어서 오세요! 당신이 와서 정말 기뻐요!
B It's a lovely party. Thanks for inviting us.
정말 사랑스러운 파티네요. 초대해줘서 고마워요.
A You're always welcome in our home. 당신이라면 언제든지 환영이랍니다.

Welcome to the party! **233**

Welcome to the party!

어디에 온 걸 환영하는지 구체적으로 밝히고 싶으면 Welcome to 다음에 장소를 써주면 됩니다. 한때 '한국 방문의 해'를 정해서 곳곳에 Welcome to Korea!라고 써붙인 적이 있었죠. 놀이공원 입구에서도 많이 볼 수 있는 표현입니다.

A **Welcome to the party!** 파티에 오신 것을 환영합니다!

B **Thank you.** 감사합니다.

A **There's food and drinks in the kitchen.**
음식은 식당에 있습니다.

우리 이웃이 되신 것을 환영합니다! **Welcome to our neighborhood!**
스태프가 되신 것을 환영합니다! **Welcome to the staff!**
우리 새로운 빌딩에 오신 것을 환영합니다! **Welcome to our new building!**
우리 집에 온 걸 환영해! **Welcome to our home!**

Good job! 잘했어

다른 사람이 한 일에 대해 칭찬할 때 쓰는 표현입니다. Good work라는 말과 바꿔 쓸 수 있죠. 설마 "직업이 좋구나"라는 뜻으로 오해하는 사람은 없겠죠? 짧지만 굉장히 네이티브다운 표현이니까 칭찬할 일이 있을 때 마구 써주세요. 굿 잡!

제가 이래 봬도 한번 하면 잘한다구요

A **Good job!** 잘했어!

B **Thank you.** 감사합니다.

A **We finished the project under budget!** 우리 예산 안에서 프로젝트를 끝냈어!

B **Good job! Everyone deserves a raise!** 잘했어! 모두들 승진할 만해.

A **That's fine by me!** 나야 좋지!

You did a good job on it.

뭘 잘했는지 구체적으로 칭찬해주고 싶으면 You did a good job on 다음에 대상을 넣어주면 됩니다. You did a good job on it.이라고 하면 "너 그거 참 잘했다"라는 뜻이죠. 아래 대화의 It shows. 역시 칭찬하는 표현입니다. 여기서는 "정말 잘했구나. 그것만 봐도 네가 얼마나 그 일을 열심히 했는지 알겠다"라는 뜻이 되겠죠.

설문 조사 하랴 도서관 찾아 다니랴 정말 힘들었다구요

A **You did a good job on this paper!** 너 이 리포트 정말 잘했다!

B **Thanks. I worked hard on it.** 고마워. 나 정말 열심히 했어.

A **It shows.** 보니까 알겠어.

너 그 시험에서 정말 잘했다! **You did a good job on the test!**
너 이 보고서 정말 잘 썼어! **You did a good job on this paper!**
너 그 프로젝트 정말 잘했어! **You did a good job on the project!**
너 과제물 정말 잘했다! **You did a good job on the assignment!**

Good luck!
행운을 빌어

중요한 일을 앞둔 친구에게 뭔가 기운나는 말을 해주고 싶을 때 Good luck이라고 합니다. luck은 '행운'이라는 뜻이죠. 네이티브들은 Gook luck의 의미로 검지와 중지를 꼬아서 보여주는 제스처를 하기도 한답니다. 영화에서도 이 제스처를 종종 볼 수 있어요.

경품행사! 신이 시여, 압력밥솥을 제게 주소서.

A **It's my turn.** 내 차례예요.

B **Good luck!** 행운을 빌어요!

A **I'll let you know how my audition goes.** 내 오디션이 어떻게 되는지 알려줄게.
B **Good luck! You'll be great.** 잘해봐! 넌 잘할 거야.
A **I could use a little luck.** 조금의 운이 주어진다면 말이야.

Good luck on your test! **237**

Good luck on your test!

시험이나 오디션 등 어떤 일을 앞두고 있는 친구에게 구체적으로 행운을 빌어주고 싶을 때는 Good luck on 뒤에 잘됐으면 하는 내용을 넣어줍니다. "시험 잘 봐"는 Good luck on your test! "여행 잘 다녀와"는 Good luck on your trip. 이라고 할 수 있죠.

오른다고 찍지 말고 끝까지 집중하라구

A **Good luck on your test!** 시험 잘 봐!

B **Thank you!** 고마워!

직장 잘 찾기를 바라! **Good luck on getting the job!**
수업 잘해라! **Good luck on your classes!**
프로젝트 잘하길 바랄게요! **Good luck on the project!**
모든 일이 잘되기를 바랍니다! **Good luck on everything!**

Too much 너무 많아

음식이나 돈이 '너무 많은' 이라는 뜻으로 쓰는 표현입니다. 적당한 게 아니라 넘친다는 뜻이죠. 약간 많다고 하려면 **A little bit too much.** 라고 하면 됩니다. **Watch**를 공부할 때도 강조했지만 발음에 주의해야 합니다. [머치]가 아니라 [머취]라는 사실!

물이 너무 많다구. 밥이 아니라 떡을 만들 셈이냐

A **Is this enough?** 이거면 충분한가요?

B **Too much.** 너무 많아요.

A **Herman really pampers Ellen.** 허먼은 엘렌을 정말 잘 받아줘.
B **Yeah. Too much.** 맞아. 너무 많이.
A **Can you love someone too much?** 넌 누군가를 그렇게 많이 사랑할 수 있어?

That's too much icecream. **239**

That's **too much** icecream.

too much 앞에 That's가 왔다고 해서 꼭 해석해줄 필요는 없습니다. too much 뒤에 오는 말에 따라 융통성 있게 이해하면 되죠. That's too much icecream.의 경우에는 거꾸로 이해하세요. "아이스크림이 너무 많습니다" 처럼요.

반 근이면 된다니까요

A **How much do you want?** 얼마나 원하죠?

B **That's too much.** 그건 너무 많은데요.

A **I'll put some back.** 그럼 좀 뺄게요.

일이 너무 많아. **That's too much work.**

음식이 너무 많습니다. **That's too much food.**

그건 저에게 너무 많네요. **That's too much for me.**

들고 가야 할 게 너무 많아. **That's too much stuff to carry.**

Very good!
아주 좋아

너무 잘 알고 있는 말이라구요? 아주 쉽고 자주 쓰는 말이지만 역시 발음에 주의해야 합니다. 입술을 무는 발음 [v]와 입을 굴리고 혀를 띄우는 발음 [r]이 한 단어에 있어서 만만치 않거든요. [베리 굿]이 아니라 [붸뤼 귿], 제대로 연습해두세요. 정말 자주 쓰는 말이니까요.

족욕기가 몸에 그렇게 좋다며?

A **How is it?** 어때?

B **Very good!** 아주 좋아!

A **How does my hair look today?** 오늘 내 헤어스타일 어때?
B **Very good! Did you do something different?** 아주 좋은데! 뭔가 다르게 한 거야?
A **Yes. I accidentally set it on fire.** 응. 실수로 머리가 살짝 탔어.

This is very good.

무엇이 좋은지를 구체적으로 밝혀주는 표현입니다. 음식, 영화, 옷, 헤어 스타일 등 주어를 뭘로 해도 다 쓸 수 있습니다. 영어는 좀 오버하는 식으로 해야 많이 발전하는데요, 가령 음식을 한 입 먹고 별로 맛이 없더라도 맛있는 표정을 지으면서 Not bad! This is very good.이라고 해보세요. 몇 번만 반복하면 오버에 익숙해질 뿐 아니라 영어에도 익숙해진답니다.

나도 저 게임기 해보고 싶었는데

A **How do you like it?** 그거 어때요?

B **It's very good!** 아주 좋은데요!

이 영화 아주 죽이는데요! **This movie is very good!**
네 아이디어 죽이는데! **Your idea's very good!**
이 계획들 아주 좋은데요! **These plans are very good!**
이 음악 아주 좋네요! **The music is very good!**

You're lucky
넌 좋겠다

드디어 마지막 표현이네요. **You're lucky**는 직역하면 '너는 운이 좋구나' 가 되지만 우리말로 치자면 '넌 좋겠구나' 정도가 더 어울립니다. 일이 잘 풀리나 부러운 점이 있는 사람에게 칭찬 겸 부러움 겸 인사를 건넬 때 써보세요. 물론 이 말을 많이 듣는 사람이 되면 더 좋겠지만요.

월차 내서 하루 종일 집에 있을 거라구

A **I don't have to work today.** 난 오늘 일 안 해도 돼.

B **You're lucky.** 넌 좋겠다.

A **Bob's taking me to Europe for Christmas!** 밥이 크리스마스에 날 유럽에 데려간대!

B **You're lucky. Gary's taking me to Duluth.**
   넌 참 좋겠다. 게리는 날 덜루쓰에 데려갈 거야.

A **I thought you liked Wisconsin.** 난 네가 위스콘신을 좋아한다고 생각했는데.

You're lucky they called. **243**

You're lucky they called.

부러워할 만한 일이 어떤 것인지 밝혀주려면 You're lucky 뒤에 문장을 써주면 됩니다. 오디션을 봤는데 합격했다고 연락이 왔다면 You're lucky they called.그 사람들이 연락을 했다니 좋겠다.라고 하면 되죠. 여러분들에게도 lucky한 일들이 많이 생겼으면 좋겠네요.

친구 들의 도움 을 받아 무사히 졸업 하게 됐어요

A **You're lucky they helped.** 걔들이 도와줬다니 넌 좋겠다.

B **Yes, I am.** 그래, 좋아.

그게 잘 작동돼서 넌 좋겠다. **You're lucky it worked.**
우리가 널 봤으니 넌 다행이야. **You're lucky we saw you.**
네가 외치는 소리를 누군가가 들었다니 다행이다. **You're lucky someone heard you.**
아무도 그것을 보지 못했다니 너 정말 다행이다. **You're lucky no one saw it.**

앞에서 배운 핵심표현과 대화를 떠올려보세요.

082 A 너 내 결혼식에 들러리 해줄거지?
B **Absolutely!**

083 A 안녕.
B **Come here.**

084 A 기분 어때?
B **Better.**

085 A 우리 결혼해!
B **Congratulations!**

086 A 그거 맛이 어때?
B **Delicious!**

087 A 그만하고 싶을 때 말하세요.
B **Enough!**

088 A 저녁 먹으러 나가자.
B **Great!**

089 A 당신 나를 쳤어요.
B **Sorry.**

090 A 기분 어때?
B **Sick.**

091 A 나랑 야구할래?
B **No, I suck at baseball.**

092 A 그 뮤지컬 어땠어?
B **Terrible!**

093 A 내가 도울게.
B **Thanks.**

094 A 안녕하세요.
B **Welcome!**

095 A **Good job!**
B 감사합니다.

096 A 내 차례예요.
B **Good luck!**

097 A 이거면 충분한가요?
B **Too much.**

098 A 그거 어때?
B **Very good!**

099 A 난 오늘 일 안 해도 돼.
B **You're lucky.**

초보 단계를 끝낸 다음에는
어떻게 공부해야 하나요?

오호, 초보 딱지를 떼셨다니 이제 발음과 숫자 등 기본을 다지고 패턴은 한 200개 정도 외우고 성격도 적극적으로 만드셨다는 뜻이죠? 축하드립니다, 짝짝짝!

그렇다면 그 다음은 영어의 Input투입과 Output산출을 균형있게 발전시키는 일이 남았네요. 여기서 Input은 Reading읽기/Listening듣기, Output은 Speaking말하기/Writing쓰기을 말한답니다. 초보 시절에는 열심히 외운 표현을 이용해서 네이티브와 대화가 조금만 돼도 감동의 도가니탕이 끓어오를 거예요. 하지만 중급 단계로 업그레이드되려면 매일 뭔가를 받아들이고 쌓아야 제대로 밖으로 뱉어낼 수 있습니다. 내용 없이 늘 인사만 하고 어디 사는지만 물어봐서야 제대로 커뮤니케이션을 한다고 볼 수가 없으니까요.

매일 영어소설책이나 관심 있는 영어잡지 읽기를 한 시간만이라도 꾸준히 해주면 자연스러운 Input이 될 수 있습니다. 그런 과정을 통해 영어 단어와 표현을 축적하는 것은 물론 새로운 정보를 얻고 사고력까지 기를 수 있는 거죠.

이렇게 충실히 Input을 하면 말하기나 쓰기를 통해서 Output이 이루어집니다. 제대로 Input을 한 사람은 내용 있는 Output을 할 수가 있죠. 반면에 제대로 Input이 되지 않은 사람은 Output이 엉망일 수밖에 없고 왕초보 상태를 계속해서 반복하게 됩니다. 다시 말해, 초보 단계에서 쌓아놓은 틀에 내용을 붓는 작업이 차곡차곡 진행되어야 그 내용이 다시 말이나 글로 멋지게 나올 수 있다는 얘깁니다. 그러므로 영어실력을 업그레이드시키고 싶은 사람은 오늘부터라도 영어의 Input과 Output을 꾸준히 제대로 해야 합니다.

　앞장에서도 얘기했지만 자기가 좋아하는 분야의 Input부터 시작하세요. 잡지뿐 아니라 영화, 드라마, 인터넷사이트 등 자료는 무궁무진합니다. 막상 시작해보면 생각보다 재미가 쏠쏠할 겁니다. 여러분의 건투를 빕니다!

From 닥터 백

BO OK

RED ENGLISH BOOK

RED BOOK 시리즈

공부해도 이런 영어 꼭 틀린다 황성진 | 212쪽 | 본문 음원 MP3 다운로드 | 9600원

한 끗 차이 영단어 기초 상식 정혜영 | 240쪽 | 본문 음원 MP3 다운로드 | 9600원

헷갈리고 잘 틀리는 영문법 65 김정희 | 184쪽 | 8800원

교과서나 사전에서는 절대 배울 수 없는 생생 영어를 알려주는 책 〈RED ENGLISH BOOK〉 시리즈

■ 교과서나 사전만으로는 모국어의 간섭이나 뉘앙스의 차이를 알 수 없어 얼굴이 빨개지는 실수를 피할 수 없는 ESL 학습자들이 가장 간단하게 실수 상황을 인지하고, 교정할 수 있도록 각 영역별로 구성되었다.

하루 10분 좋은 영어 습관
1·1·10 시리즈

감동이 있는 짧은 영어 김승은 | 180쪽 | 본문 음원 MP3 제공 | 7800원

웃음이 있는 짧은 영어 김승은 | 180쪽 | 본문 음원 MP3 제공 | 7800원

이솝우화로 읽는 짧은 영어 함은경 | 180쪽 | 본문 음원 MP3 제공 | 7800원

삶의 지혜를 주는 짧은 영어 김태연 | 192쪽 | 본문 음원 MP3 제공 | 8800원

빠르고 부담 없는 10분 독해!

■ 하루(One Day), 한 번(One Time), 10분(Ten Minutes)을 투자해 영어 원문을 빠르고 부담 없이 읽을 수 있게 구성한 새로운 내용과 형식의 영한대역 시리즈 ■ 기존의 명작 위주의 영한 대역 시리즈에서 벗어나 '감동이 있는 짧은 영어' '웃음이 있는 짧은 영어' '삶의 지혜를 주는 짧은 영어' 등 읽는 재미를 느낄 수 있는 영어 원문 수록 ■ 구성에서도 단순한 해석이 아니라 관련 패턴 문장, 문법 사항, 어휘 제공으로 체계적이고 종합적인 독해 가능 ■ 본문 음원 MP3파일은 사람in 홈페이지(www.saramin.com)에서 다운로드 받으세요!

영어를 잘하려면
일단 TV부터 켜라!

미국 TV 영어 지식인

박제완 | 320쪽 | 13800원

'미T영'은 소설처럼 줄줄 넘어가는 재미를 절대! 보장합니다.

- 영어를 잘하려면 무엇을 해야 할까요? 일단 TV부터 켜라고 말하는 사람이 있습니다. 바로 TV를 보다가 제대로 영어 지식인이 되어버린 오타쿠 박이죠. TV는 우리가 '공부와 공식'으로만 죽어라고 팔 때는 절대로 알 수 없는 영어의 '감'을 제대로 느끼게 해주거든요.

- 이 책은 공식과 문법이 난무하는 영어책이 절대 아닙니다. 각 챕터가 TV프로그램 형식으로 구성되고, 주요 게스트와 오늘의 하이라이트, 간간이 광고, NG컷, 화면조정시간까지 등장하는, 유쾌하고 재미난 TV에 가깝지요!

- 이 책은 '미국 TV 오타쿠 박'이 영어의 기본 지식만으로도 원어민과 무리 없이 통하게 되는 법을 '미드와 리얼리티 쇼, CNN뉴스와 영자신문, 인터넷'을 철저히 파헤쳐 여러분에게 보여줄 것입니다.